JN333674

話せる・伝わる
ミャンマー語入門 CD付

ビルマ市民フォーラム 監修
田辺寿夫（Shwe Ba）編

大修館書店

はじめに

　本書は「ミャンマー語」について解説したものですが、監修の団体名は「ビルマ市民フォーラム」です。日本で「ビルマ」と呼ばれていた国を今では「ミャンマー」と呼ぶことが多くなってきています。紙幅の都合上、この経緯についての説明は割愛しますが、本書では現在日本で一般的に使われている「ミャンマー」「ミャンマー語」を使用することにしました。「ビルマ」と「ミャンマー」はそれぞれ口語か文語かの違い程度で本質的に違いはなく、「ビルマ語」も「ミャンマー語」もどちらも指すものは実質的に同じです（ただし、「ビルマ市民フォーラム」は固有名詞で、「ミャンマー市民フォーラム」ではありません）。

　本書はミャンマー語は全くの初心者、もしくは少しかじった程度の人を対象にしたミャンマー語会話の入門書です。それを踏まえて、基本方針について、何点か説明します。

　第一に、ミャンマー文字の説明についてです。ミャンマー語には独特の文字があります。説明は Part I でしていますが、紙幅の兼ね合いも考慮した上で、最小限にとどめました。文字の学習は大変ですし、本書を手にとった皆さんの中でも会話ができればよくて、読み書きまでは特に必要としていない人もいると思います。カタカナ表記も併記していますので、そちらを参考にしてください。

　第二に、ミャンマー文字のカタカナ表記についてです。ミャンマー語の発音では、声調があったり、有気音・無気音の区別があったりと、日本語では区別しない要素があります。賛否両論あるとは思いますが、これらの区別をカタカ

ナ表記で表すことは必要最小限にしました。発音の正確性を追求するばかりに、カタカナ表記にいろいろな記号を使うと、読み手のストレスになると判断して出した結論です。

　最後に、例文についてですが、本書では各例文の単語の解説を丁寧にするように心がけました。それぞれの単語がどのような意味なのかを理解することが、文全体の意味を深く理解することにつながると思います。Part II では「〜したいです」「〜してくれませんか」のような言語機能に焦点を当てて、基本パターンを紹介していますので、これらを応用すれば、語彙を変えるだけでも、いろいろなことが話せると思います。また、付録に和緬小辞典も設けましたので、併せてご活用ください。

　本書の企画から刊行までお世話になった大修館書店の内田雅さんには、ミャンマー語の学習者としても貴重な意見を多数いただきました。また、校正にご協力いただいた上田由嘉さんにも大変お世話になりました。その他にも多くのミャンマーの友人たちからアドバイスをいただきました。協力していただいたみなさんに「チェーズーティンバーデー」とお礼を申し上げます。

　2011年にミャンマー政府が民政移管をしてから、日本でも経済界などの注目が集まり、一般の旅行者だけでなく、ビジネスでミャンマーを訪問する人も増えています。中には長期で滞在する人もいるでしょう。現地でコミュニケーションを取る際に本書が役立てば幸いです。

　2015年6月

　　　　　　　　　　　　　　　田辺　寿夫（Shwe Ba）

本書の使い方

　本書は3つのパートと付録の和緬小辞典(「緬」は「ミャンマー」を示す漢字です)から構成されます。

○ **Part I：基本編** (I-1 ～ I-6)
　ミャンマー語の文字や音声、文の構造、数字や代名詞などの基本語彙などについて解説します。

○ **Part II：機能表現編** (II-1 ～ II-44)
　「希望を伝える(～したいです)」「依頼する(～してくれませんか)」といった言語の機能に焦点をあてて解説します。II-1からII-5はあいさつや自己紹介など基本的な表現を紹介します。II-6以降は基本パターンを提示しながら、さまざまな機能表現について説明します。II-6からII-44は見開きの2ページの左側で基本パターンと例文を掲載し、右側でポイントと例文で使われた単語の解説をしています。

○ **Part III：場面表現編** (III-1 ～ III-4)
　レストラン、タクシー、ホテル、ショッピングといった旅先のさまざまな場面で使える表現を紹介します。

○ **付属CDについて**
　本文内にある CD-01 などのマークはCDのトラック番号を表しています。ミャンマー語の発音を実際に耳で聞いて、参考にしてください。

目次

はじめに …………………………………………… iii
本書の使い方 ……………………………………… v

Part I 基本編 …………………………………… 1

Ⅰ-1 ミャンマーという国 ……………………… 2
Ⅰ-2 ミャンマー語の文字と発音 ……………… 4
Ⅰ-3 ミャンマー語の基本構造 ………………… 14
Ⅰ-4 数字・時間・日付・季節について ……… 22
Ⅰ-5 助数詞 ……………………………………… 28
Ⅰ-6 人称代名詞・指示代名詞 ………………… 29

Part II 機能表現編 ……………………………… 31

Ⅱ-1 基本的なあいさつ ………………………… 32
Ⅱ-2 自己紹介 …………………………………… 34
Ⅱ-3 会話のやりとり …………………………… 36
Ⅱ-4 緊急時に使うことば ……………………… 38
Ⅱ-5 体調不良のときに使うことば …………… 40
Ⅱ-6 (〜してくれて)ありがとうございます … 42
Ⅱ-7 (〜して)申し訳ありません ……………… 44
Ⅱ-8 (〜して)うれしい/残念です …………… 46
Ⅱ-9 〜が好きです ……………………………… 48
Ⅱ-10 〜に興味があります ……………………… 50
Ⅱ-11 〜が…を持っています〔…が〜にあります〕… 52
Ⅱ-12 〜したいです ……………………………… 54

Ⅱ-13	～しましょうか	56
Ⅱ-14	～してもいいです	58
Ⅱ-15	～してくれませんか	60
Ⅱ-16	～してください	62
Ⅱ-17	～しないでください	64
Ⅱ-18	～しなくてもいいです	66
Ⅱ-19	～したことがあります	68
Ⅱ-20	～しなければなりません	70
Ⅱ-21	～した方がいいです	72
Ⅱ-22	～してみます	74
Ⅱ-23	～しましょう	76
Ⅱ-24	～するかもしれません	78
Ⅱ-25	～してしまいました	80
Ⅱ-26	(能力的に)～できます	82
Ⅱ-27	(状況的に)～できます	84
Ⅱ-28	～ようです	86
Ⅱ-29	より～／最も～	88
Ⅱ-30	何を～しますか	90
Ⅱ-31	だれが〔を〕～しますか	92
Ⅱ-32	どこ～しますか	94
Ⅱ-33	どれくらい～ですか	96
Ⅱ-34	どれ～ですか	98
Ⅱ-35	何時～しますか	100
Ⅱ-36	いつ～ですか	102
Ⅱ-37	～にどれくらい時間がかかりますか	104
Ⅱ-38	～してどれくらい経ちましたか	106
Ⅱ-39	～にどれくらいお金がかかりますか	108
Ⅱ-40	どんな(種類の)～	110

Ⅱ-41	～はいくら〔何歳〕ですか	112
Ⅱ-42	どうやって～しますか	114
Ⅱ-43	なぜ～なのですか	116
Ⅱ-44	～か知っていますか	118
コラム	ミャンマー人の名前について	120

Part III　場面表現編　121

Ⅲ-1	レストランで	122
Ⅲ-2	タクシーで	124
Ⅲ-3	ホテルで	126
Ⅲ-4	ショッピングで	128

| 付録 | 和緬小辞典 | 130 |

Part I

基本編

シュエダゴンパゴダ：ミャンマー最大の都市ヤンゴンにある有名なパゴダ

I-1 ミャンマーという国

　ミャンマー語はミャンマー連邦共和国の唯一の公用語です。しかしミャンマーで話されている唯一の言語ではありません。この国にはミャンマー民族が多く住んでいる中央平原部をぐるっと取り囲む形でラカイン、チン、カチン、シャン、カヤー、カレン、モンという7つの州があります。そこには州の名称となっている民族の人たちが多く居住しており、それぞれ固有の言語と独自の文化を持っています。ミャンマーはミャンマー民族とこの7つの民族を含めて、あわせて135もの民族が住むとされる多民族・多言語・多宗教国家です。人口は5千万を超え、面積は日本のおよそ1.7倍です。

　そのミャンマーは今世界の注目を集めています。とくに経済の分野では、「アジア最後のフロンティア」と言われ、日本を含む諸外国の企業が進出をめざしています。天然資源が豊富なこと、比較的安価で質の高い労働力が得られることなどから経済活動の場として、あるいは投資先として注目を浴びているのです。長年にわたる軍事政権の支配が終わり、民主化に向かう努力が始まっていることが、世界の人々を呼び寄せていると言えます。

　経済だけではありません。ミャンマーへの関心はいろいろな分野で高まりつつあります。素晴らしい自然、豊かな文化遺産、そしてホスピタリティにあふれたミャンマーの人々の笑顔が、ますます世界の人々を引き寄せることでしょう。

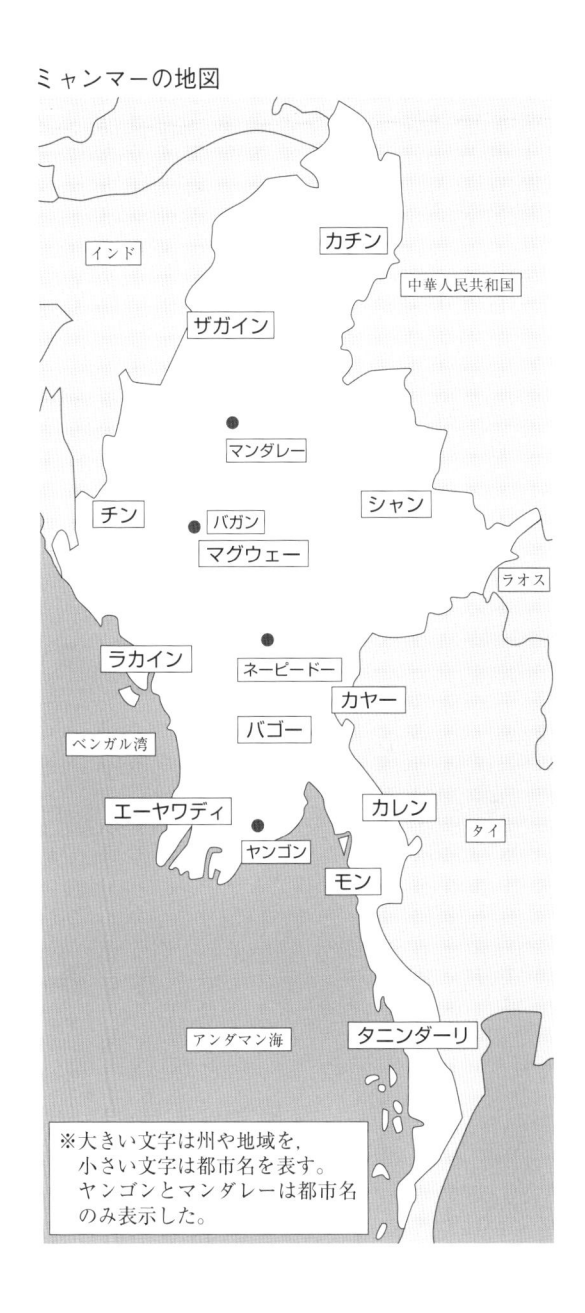

ミャンマーの地図

インド
カチン
中華人民共和国
ザガイン
マンダレー
チン
バガン
マグウェー
シャン
ラオス
ラカイン
ネーピードー
カヤー
バゴー
ベンガル湾
エーヤワディ
カレン
ヤンゴン
タイ
モン
アンダマン海
タニンダーリ

※大きい文字は州や地域を，小さい文字は都市名を表す。ヤンゴンとマンダレーは都市名のみ表示した。

Part I

基本編

I-2 ミャンマー語の文字と発音

　ミャンマー語は独自の文字を使っています。いきなり次頁の表を見て、面食らってしまう人もいるかもしれません。文字よりは会話を重視したい方は、文字については流し読み程度で、発音に関する箇所を中心に読んでもらっても結構です。

◎基本字母と有気音・無気音 （→ CD-01 ）

　次頁の表１はミャンマー語の基本字母（33文字の表）です。一気に覚えるのは難しいです。学習を進めて行きながら、何度もこの表に戻って確かめるとよいでしょう。なお、上座仏教の経典に使われているパーリ語を表記するための特殊な文字（三段目がそれに当たります）がこの表には含まれていますが、これらは使用頻度が他より下がります。また、本書に出てくるミャンマー語の文ではI-2で紹介しなかった文字も出てくることがありますが、それらも特殊な文字の一種なので、発音はカタカナを参考にしてください。

　表内にある発音を表すアルファベットを見ればお気づきのように字母はすべて「ア」（a.）で終わっています。日本語の「アカサタナ…」に当たります。それにしてはずいぶん多いと思うかもしれません。理由の一つは က（ka.）と ခ（hka.）のように有気音、無気音の区別があることです。

　有気音とは息を強く出して発音する音で、無気音は息を出さない音です。具体的には「カ」（ka./hka.）、「サ」（sa./

hsa.)、「タ」(ta./hta.)、「パ」(pa./hpa.) などの音でこの違いが生じます。日本語にはこの区別がありません。というより、日本人は区別を意識していません。ミャンマー人たちの耳には、日本人が「カ」と発音したとき /ka/ と聞こえたり /kha/ と聞こえたりするようです。

目安として、口の前に紙を置いて、「カ」や「パ」を大声で発音したときに、その紙が揺れるのが有気音、揺れないのが無気音です。本書のカタカナ表記では有気音と無気音は区別せずに、たとえば က も ခ も「カ」と表します。ただし、この後の「複合文字」で触れますが、မှ (hma.) は「ッマ」、လှ (hla.) は「ッラ」のように「ッ」を入れて表記します。

表1 ミャンマー語の基本字母（網かけのものはあまり使われない）

က	ခ	ဂ	ဃ	င
ka. カ	hka. カ	ga. ガ	ga. ガ	ŋa. ンガ
စ	ဆ	ဇ	ဈ	ဉ
sa. サ	hsa. サ	za. ザ	za. ザ	ɲa. ニャ
ဋ	ဌ	ဍ	ဎ	ဏ
ta. タ	hta. タ	da. ダ	da. ダ	na. ナ
တ	ထ	ဒ	ဓ	န
ta. タ	hta. タ	da. ダ	da. ダ	na. ナ
ပ	ဖ	ဗ	ဘ	မ
pa. パ	hpa. パ	ba. バ	ba./pha. バ/パ	ma. マ
ယ	ရ	လ	ဝ	သ
ya. ヤ	ya./ra. ヤ/ラ	la. ラ	wa. ワ	θa. タ
	ဟ	ဠ	အ	
	ha. ハ	la. ラ	ʔa. ア	

/ka./ を表す字母 က にそれぞれ特定の記号をつければ「キ・ク・ケ・コ」になります。それはほかの字母についても同じです。詳しくは次頁の「母音化」で説明します。

基本字母でもう一つ気を付けなければいけないのは、「タ」です。「タ」を表す文字は တ、ထ、သ があります。တ（ta.）と ထ（hta.）は前述の有気音と無気音の違いで、သ は英語では"th"で表される /θ/ の音なのですが、英語と違い、摩擦はさせずに破裂させるため「タ」のように聞こえます。たとえば、日本語の感覚で言うと thirty-three は「サーティースリー」に近い音で発音し、/θ/ の音はカタカナではサ行で表しますが、ミャンマーの人が発音するとほとんど「ターティー・トゥリー」に聞こえます。これら3つの文字が表す音の違いも日本人には判別が難しいですが、本書では区別せずに、全て「タ」で表記します。

◎**声調**（→CD-02）
ミャンマー語にあって日本語にはないものには有気音・無気音の区別のほかに声調があります。同じ音でも発音の仕方で3つに区別します。その3つは文字も意味も異なります。

က を例に説明しますと、က、ကာ、ကား の3つです。日本語で書くと「カ」、あるいは「カー」としか書けません（本書でも表記上の区別はしません）。発音記号で表す場合はそれぞれ /ka./ /ka/ /ka:/ と表記します。

/ka./ →下降調（出だしは高く急激に下がる）
/ka/ →低平調（出だしは低くそのまま引っ張る）
/ka:/ →高平調（出だしは高くそのまま引っ張る）

声調は3つありますが、会話の中では声調が微妙に変化することもあり、日本人にとっては聞き分けが難しいです。

発音するときには声調を意識することは重要ですが、あまり神経質になりすぎないで、とにかく口に出してみましょう。ちなみに下降調の က は「〜が」という助詞であり、動詞としては「踊る」という意味があります。低平調の ကာ は「〜して」という接続詞、高平調の ကား は英語 car のミャンマー語表記です。

◎母音化（→CD-03）

　基本字母は「アカサタナ…」を示しています。「カ」を例にとると「キクケコ」と変えるには記号をつけます。前述の通り、声調が3種類あるので、記号は3つずつ存在します。また、「エ」と「オ」に相当する音もそれぞれ2種類あるので合計21種類の記号があります。

　表2を見てください。なお、低平調と高平調は、声調は異なりますが、カタカナ表記としては同じになります。

　ケ（ケー）とケェ（ケェー）の違いは、前者は日本語の

表2　母音化の一覧表（က を例とする）

	文　字	読　み　方
ア	ka/kaa/kaa：	カ (ka.) / カー (ka) / カー (ka:)
イ	ki/kii/kii：	キ (ki.) / キー (ki) / キー (ki:)
ウ	ku/kuu/kuu：	ク (ku.) / クー (ku) / クー (ku:)
エ	ke/ke/ke： ke/kယ်/ke	ケ (ke.) / ケー (ke) / ケー (ke:) ケェ (kɛ.) / ケェー (kɛ) / ケェー (kɛ:)
オ	ko/ko/ko： ko/ko/ko	コ (ko.) / コー (ko) / コー (ko:) コォ (kɔ.) / コォー (kɔ) / コォー (kɔ:)

「ケ」より口をすぼめ、後者はより口を広げて発音します。またコ（コー）とコォ（コォー）については、前者は日本語の「コ」より口を広げ、後者はより唇を丸くして発音します。ここでは「カ」について示しましたが、ほかの基本字母もთの部分を置き換えれば基本的には同じです。ただし、ခ、ဂ、င、ဒ、ပ、ဝの場合、ာが ါ となりますので注意してください。たとえば、ပに低平調の「ア」の音がつく場合、ပါとなります。これはတと区別するためです。

　なお、上記のもの以外で母音化を表す文字として ည့်、ည်、ည်း があります。基本字母の後ろに置くことで、それぞれ下降調、低平調、高平調になりますが、表す母音は /i/、/e/、/ε/ のいずれかになります。どの母音になるかは単語により決まっています。

◎複合文字 （→CD-04）

　ミャンマー語の字母には母音を表す記号以外にも、いろいろな記号がつきます。当然、それに伴い発音も意味も変わります。ここでは မ「マ」（ma.）を例に説明します。

　「「または 」」がついて မြ あるいは မျ となると、/y/ の音が加わり、いずれも「ミャ」（mya.）となります。どちらの記号を使うかで意味は違ってきます。

　္ が字母の下につくとမが有気音化して မှ（hma.）となります。本書では基本的に「ッマ」のように「フ」を小さく書いて有気音であることを示すことにします。

　つぎに ္ ですが、これも字母の下につきます（三角で書く人もいます）。မွ は、/w/ の音が加わり、「ムワ」（mwa.）と発音します。

　これらの記号が重なってつく場合もあります。မြ は「ッミ

ャ」(hmya.)、ၑ は「ㇷムワ」(hmwa.) といった具合です。

ここでは မ（マ）を例に説明しましたが、ほかの字母についても基本的には同じです。

◎複合文字の例外的な読み方（→CD-05）
複合文字は先に紹介した原則通りではなく特異な発音に変化することがしばしばあります。

例えば ရ (ya.) に ္ がつくと ရှ は「シャ」(sha.)、ရှိ は「シー」(shi.) となります。カタカナで「シ」ではなく「シー」と表記するのは、その方がミャンマー語の発音に近くなるからです。ရှိ は ရှိတယ် 「シーデー」(shi.de) という形でよく使われますが、「あります」「います」の意味です（တယ် については I-3 で説明いたします）。

လ に ္ がつくと လှ (hla.) ですね。လှတယ် 「ㇷラーデー」(hla.de) の形で「美しい」の意味になり、これもよく使われます。この လှ にさらに ျ がつき လျှ となると「フリャ」(hlya.) ではなく「シャ」(sha.) と発音することがあります。その低平調である လျှာ 「シャー」(sha) もよく使われる言葉で「舌」の意味です。さらに လျှောက် となるとどうでしょう（後の「促音」で説明しますが ေ～ာက် は「アウッ」という発音です）。「シャウ(ッ)」(shauʔ) です。意味は လျှောက်တယ် (shauʔ te シャウテー) という形で「歩く」という意味になります。

◎末子音促音（「ッ」/ʔ/）を表す文字（→CD-06）
基本字母の上部に ် がついた文字がいくつかあります。
က်、စ်、တ်、ပ် などです。これらが基本字母の後ろにつくと発音に促音（「ッ」の音）が加わり、意味も変わります。発

表3　促音の一覧表（基本字母が သ の場合）

	文　字	読　み　方
アッ	သတ် *or* သပ်	サッ（hsaʔ）
アイッ	သိုက်	サイッ（hsaiʔ）
アウッ	သောက်	サウッ（hsauʔ）
イッ	သစ်	スイッ（hsuiʔ）
ウッ	သွတ် *or* သွပ်	スッ（hsuʔ）
エッ	သက်	セッ（hseʔ）
エイッ	သိတ် *or* သိပ်	セイッ（hseiʔ）
オウッ	သုတ် *or* သုပ်	ソウッ（hsouʔ）

※ *or* で結んであるものはそれぞれ同じ発音を表すが、どちらの文字を自由に使ってもよいというわけではない。語によってどちらの文字を使うかは決まる。
※「イッ」「ウッ」の「ッ」は前後の発音の状況によりはっきり発音されない場合もあり、本書のカタカナ表記でも省略する場合がある。
※ သစ် は本来なら「シッ」となるが、聞こえ方は「スイッ」に近いので、カタカナもそのように表記する。
※ သွပ် は「スワッ」と発音する場合もある。

音記号は /ʔ/ で表されます。なお、声調の変化はありません。သ（hsa.）を例にとると上の表3のようになります。

◎末子音鼻音（「ン」/n/）を表す文字 （→ CD-07 ）

　促音と同様に一部の基本字母の上に ँ がついた文字が後ろ

について、/in/、/aun/、/ain/、/ein/ のように /n/ の音で終わるものもあります。たとえば ၌、န့်、မ့် です（必ずこれらの文字がつくとは限りません）。これらには３つの声調がありますが、カタカナ表記は同じになります。下の表４を見てください。ここでも ဆ（hsa.）を例に説明します。

◎基本字母以外でよく使われる文字 (→CD-08)

ミャンマー語にははじめに紹介した 33 文字のほかにも特殊な文字が使われることがあります。そのほとんどは普通の会話の中で使われることはあまりないのですが、使用頻度の高い特殊文字を説明します。

表４　鼻音の一覧表（基本字母が ဆ の場合）

	文　字	読　み　方
アン	ဆန့်/ဆန်/ဆန်း ဆံ့/ဆံ/ဆံး	サン (hsan./hsan/hsan:)
アイン	ဆိုင့်/ဆိုင်/ဆိုင်း	サイン (hsain./hsain/hsain:)
アウン	ဆောင့်/ဆောင်/ဆောင်း	サウン (hsaun./hsaun/hsaun:)
イン	ဆင့်/ဆင်/ဆင်း	シン (hsin./hsin/hsin:)
ウン	ဆွန့်/ဆွန်/ဆွန်း ဆွံ့/ဆွံ/ဆွံး	スン (hsun./hsun/hsun:)
エイン	ဆိန့်/ဆိန်/ဆိန်း ဆိမ့်/ဆိမ်/ဆိမ်း	セイン (hsein./hsein/hsein:)
オウン	ဆုန့်/ဆုန်/ဆုန်း ဆုံ့/ဆုံ/ဆုံး	ソウン (hsoun./hsoun/hsoun:)

基本の 33 文字のなかに အ「ア」(a.) がありました。「母音化」で見てきたように、အု となると下降調の /u./ の音になります。この文字の代わりに ဉ という特殊文字を使うことがあります。အု と ဉ は、発音は同じですが語によってどちらを使うかは変わってきます。ちなみに ဉ は「卵」の意味です。အု では「卵」の意味になりません。その高平調 ဦး「ウー」(u:) は会話にもしばしば出てきます。「おじさん」の意味でもあり、成人男子の敬称でもあります。ミャンマー連邦共和国大統領（2015 年 6 月現在）であるテインセインさんは ဦးသိန်းစိန် (U Thein Sein) と呼ぶのが普通です。

　また အေး は ဧ、အော် は ေသာ်、အော は ဩ という特殊文字で書き表されることがよくありますので、出てきたら気を付けてください。

◎有声化 （→ CD-09 ）

　日本語では「あお」と「そら」が合わさって「あお<u>ぞ</u>ら」となるような発音上の変化がありますが、このような現象を有声化といいます。ミャンマー語でもこの現象は少なからず起きます。たとえば、ပ は文字通りには「パ」(pa.) を表しますが、文の中で有声化して「バ」(ba.) の音になることがあります。以下の 2 つの文を比べてみてください。それぞれ「これはお酒です」、「これはロンジー（ミャンマーで着られる民族衣装）です」という意味です。

　　ဒါ အရက် ပါ။ 「ダー アイェッ パー」
　　ဒါ လုံချည် ပါ။ 「ダー ロウンジー バー」

　ဒါ（ダー）は「これ」、အရက်（アイェッ）は「お酒」、လုံချည်（ロウンジー）は「ロンジー」、ပါ（パー／バー）はここでは日本語の「です」に相当します。カタカナの発音の

部分を見ると違いがわかりますが、ပが上の文では「パー」、下の文では「バー」と発音されています。促音の「ッ」で終わる語の後にあると文字通りに「パー」と発音しますが、それ以外の場合、基本的に「バー」と濁ります。

　有声化は有気音、無気音問わず、「パ」→「バ」、「タ」→「ダ」、「チャ」→「ヂャ」、「カ」→「ガ」、「サ」→「ザ」のように起こります。ただし、有声化するかしないかはミャンマー人の間でも個人差があるので、絶対的なルールではありません。

◎まとめ

　文字と発音について解説してきましたが、文字についてはとりあえずおいておいて、発音についての注意点を以下にまとめておきます。

> （1）有気音と無気音の区別がある
> （2）3種類の声調がある
> （3）日本語の「エ」「オ」に相当する音は2種類ある

　これらを意識することは重要ですが、文脈から相手がわかってくれることも少なくないと思いますので、学習者としては、とにかく口に出してみることも大事だと思います。英語でも"I'm thinking."（考えています）のthの音を不正確に発音し、相手が"I'm sinking."（沈んでいます）と聞き取ったとしても、状況から「考えている」という意味なのは理解してもらえるでしょう。もちろん、誤解されていないかどうか慎重にコミュニケーションをとる姿勢は心に留めておくべきですが、初級者段階ではカタカナ表記をそのまま読むので構いませんので、臆せずに話してみましょう。

I-3 ミャンマー語の基本構造

　ここでは、ミャンマー語の平叙文、疑問文、否定文について説明していきます。便宜上、文の種類を「…は〜です」という名詞文と「…は〜する」という動詞文に分けます。

◎平叙文１：名詞文「…は〜です」（→CD-10）

　ミャンマー語は日本語とほとんど同じ構造（語順）を持っています。たとえば「私（男性）は日本人です」とミャンマー語で言うと以下のようになります。

　ကျနော် ဟာ ဂျပန် လူမျိုး ပါ။

　「チャノー ハー ジャパン ルーミョウ バー」

　単語ごとに見ていくと、日本語の順番通りにミャンマー語にすればいいのだということがわかります。それでは、単語ごとに意味を確認していきましょう。

　ကျနော်「チャノー」：私（男性が使う）

　　※女性が使う場合は ကျမ「チャマー」（→I-6）

　ဟာ「ハー」：〜は（主格の助詞、日本語とよく似ています）

　ဂျပန်「ジャパン」：日本

　လူမျိုး「ルーミョウ」：民族、国民、〜人

　ပါ「バー」：〜です

　なお、文末の縦線２本は日本語の句点（。）に相当します。ちなみに日本語の読点（、）に相当する記号は縦線１本になります。

　実際に話すときには ဟာ や လူမျိုး が省略され、ကျနော်(ကျမ)

ဂျပန် ပါ။「チャノー（チャマ）ジャパン バー」で十分通用します。ဂျပန် はもちろん国名ですが、「日本人」、「日本国民」の意味にも使えます。また相手が目上の人などの場合には ပါ ではなく ဖြစ်ပါတယ်「ピッパーデー」を使うこともあります。「〜でございます」というニュアンスの丁寧な言い方です。さらに語尾に男性なら ခင်ဗျား（カミャー：文字通りには「キンビャー」ですが慣例的にこう読みます）、女性なら ရှင်（シン）をつけることもあります。本来はどちらも「あなた、君」を意味することばです。これらは特に意味があるわけではありませんが、親しさを増すような表現といえます。

◎平叙文２：動詞文「…は～する」(→CD-11)

「…は～する」といった動詞文の構造もミャンマー語と日本語はほとんど同じです。動詞そのものが時制によって変化することもありません。以下の文は「私（女性）はヤンゴンに行きます」という意味の文です。単語の意味をその下に記します。

ကျမ ရန်ကုန် ကို သွား တယ်။
「チャマー ヤンゴン ゴゥ トゥワーデー」
ရန်ကုန်「ヤンゴン」：ヤンゴン（ミャンマー最大の都市）
ကို「ゴゥ」：〜へ、〜に（本来の発音は「コゥ」、前の語の発音の影響で有声化します）
သွားတယ်「トゥワーデー」：行きます（သွား が「行く」の意味、တယ် は動詞の後ろにつく助辞）

実際はこの文章は「行きます」とも「行きました」とも解釈でき、未来、過去、そして「毎週行きます」のような習慣的な意味でも使えます。はっきり「行きました」と言いたい時は သွားခဲ့တယ်（トゥワーゲーデー）とします。ခဲ့（ケー

／ゲー）は動作が完全に終了したことを表す助動詞です。さらに、「まだ行っていない」「これから行く」とはっきり未来を表したい時は、တယ် ではなく မယ်（メー）を使って သွားမယ်（トゥワーメー）とするのが普通です。

　なお、ミャンマー語では動詞と形容詞（形容動詞）は区別せず、どちらも述語として同じように扱われます。以下の例文を参考にしてください。なお、သူ（トゥー）は「彼、彼女」のことを表しますが、ここでは「彼女」という意味で考えましょう。

　သူ လာတယ်「トゥー ラーデー」
　သူ လှတယ်「トゥー ｦラーデー」

　違いは လာ（ラー）、လှ（ｦラー）だけで、意味はそれぞれ「来る」と「美しい」です。つまりそれぞれ「彼女は来ます」「彼女は美しい」という意味になります。このようにミャンマー語では動詞と形容詞の区別は形式上ほとんどありません。

◎ Yes/No 疑問文（→ CD-12 ）

「はい」、「いいえ」で答えられる疑問文（本書では Yes/No 疑問文と呼ぶことにします）は文末に လား（ラー）が付きます。次の文を比べてみてください。

　သူ ဟာ ဂျပန် လူမျိုး ပါ။
　「トゥ ハー ジャパン ルーミョウ バー」
　သူ ဟာ ဂျပန် လူမျိုး လား။
　「トゥ ハー ジャパン ルーミョウ ラー」

　最後の部分に注目してみましょう。1つ目の文は ပါ（バー）、2つ目の文は လား（ラー）で終わっていますね。それぞれ「彼（彼女）は日本人です」という意味の平叙文、「彼

(彼女)は日本人ですか？」という意味の Yes/No 疑問文となります。

答え方についてですが、「そうです」は ဟုတ်ပါတယ်။ (ホウッパーデー)、「そうではありません」は မဟုတ်ပါဘူး။ (マホウッパーブー)となります。「違います」、「いいえ」を強調したい時は ဟင့်အင်း (ヒインイン) を မဟုတ်ပါဘူး။ の前につけることもあります。

上の例は名詞文のパターンの Yes/No 疑問文でしたが、動詞文のパターンでも လား (ラー)を最後につければ Yes/No 疑問文になります。しかし、少し注意が必要です。下の2つの文を見てください。1つ目の文は既出のものです。2つ目がそれを Yes/No 疑問文にしたものです（動作の主体は「あなた」になります）。

ကျမ ရန်ကုန် ကို သွားတယ်။
「チャマー ヤンゴン ゴゥ トゥワーデー」
ရန်ကုန် ကို သွားသလား။
「ヤンゴン ゴゥ トゥワダラー」

2つ目の文の လား (ラー)の前の文字に注目してください。平叙文では တယ် (デー)だったものが、သ (ダ)に変わっています。これで Yes/No 疑問文になり、「ヤンゴンへ行きますか？」あるいは「ヤンゴンへ行きましたか？」という意味を表します。基本的には後者の過去の意味を表すことが多く、明確に「(これから)ヤンゴンに行きますか？」という意味にする場合は、သွားမလား (トゥワーマラー)とします。လား の前にある မ は သွားမယ် (トゥワーメー：「(これから)行きます」)の မယ် が簡略化されたものだと考えて構いません。

なお、この後説明する疑問詞を使った疑問文でも同様で

17

す。疑問文では多くの場合、2人称の「あなた」が主語となり、2人称の ခင်ဗျား（カミャー；男性）や ရှင်（シン；女性）はわざわざ言わなくても明らかなので、省いてしまうのが普通です。

◎**疑問詞を使った疑問文**（→CD-13）

「何」や「だれ」などの疑問詞を使った疑問文では လဲ（レー）が文末につきます。以下の文は名詞文の例で,「これは何ですか？」という意味の文です。

ဒါ ဘာ လဲ။ 「ダー バー レー」

ဒါ（ダー）は「これ」、ဘာ（バー）は「何」という意味で、最後に လဲ（レー）が付きます。×ဘာ ဒါ လဲ။（バーダーレー）のように ဘာ が前に来るのは間違いなので気を付けましょう。答え方は、たとえば以下のようになります。

အဲဒါ လွယ်အိတ် ပါ။ 「エーダー ルエエイッ パー」

အဲဒါ（エーダー）は指示代名詞で「それ」という意味で、လွယ်အိတ်（ルエエイッ）はミャンマーでよく見かける布製の肩掛けカバンで、産地によってシャンバッグとかカチンバッグとか呼ぶこともあります。ここではカタカナでそのまま「ルエエイッ」と訳します。したがって、文全体の意味は「（それは）ルエエイッです」となります。なお、前に促音「ッ」があるので、後の ပါ は「バー」ではなく「パー」と発音します。（→ I-2, p.12）

動詞文の場合は、Yes/No 疑問文のときと同様に平叙文では တယ်（デー）だったものが တ（ダ）に変化します。たとえば、以下の文を見てください。

ဘာစားသလဲ။ 「バー サーダレー」

စား（サー）は「食べる」という意味です。平叙文の場合

は စားတယ် (サーデー) とするところが စားသလဲ (サーダレー) と変化します。意味は「何を食べましたか」という意味になります。

他によく使われる疑問詞を表5に挙げておきます。いずれの文末にも လဲ (レー) がつきます。「いつ」に関しては

表5 主なミャンマー語の疑問詞

日本語	ミャンマー文字	発音
何	ဘာ	バー
どれ	ဘယ်ဟာ	ベーハー
誰	ဘယ်သူ	ベェドゥ
どのくらい	ဘယ်လောက်	ベラウッ
どのように	ဘယ်လို	ベーロー
どこに（で）	ဘယ်မှာ	ベーフマ
どこへ	ဘယ်ကို	ベーゴー
いつ（未来）	ဘယ်တော့	ベードォ
いつ（過去）	ဘယ်တုန်းက	ベードゥンガ
何時	ဘယ်နှစ်နာရီ	ベッナナーイー
なぜ	ဘာဖြစ်လို့	バーピーロー

※ ဘယ်လောက် は「いくら」と金額を尋ねるときにも使う。
ဘယ်လောက်လဲ။ （バラウッレー）は「いくらですか」という意味。

「いつ…したのか」という過去を表す場合と「いつ…するのか」という未来を表す場合では疑問詞が変わることに注意しましょう。(→ II-36)

◎否定文 (→CD-14)
「…ではない」「…しない」のような否定文を作るためには、動詞に当たる部分を မ (マ) と ဘူး (プー／ブー) で挟みます。たとえば、「行く」という意味の သွားတယ် (トゥワーデー) を否定して「行かない」とする場合は、မသွားဘူး (マトゥワブー) となります。また、ဟုတ်တယ် (ホウッテー) は「そのとおりである」という意味の動詞ですが、これを否定した形 မဟုတ်ဘူး (マホウップー) は「違います」という意味になります。「Yes/No 疑問文」で紹介した မဟုတ်ပါဘူး (マホウッパーブー) は မဟုတ်ဘူး の丁寧な言い方です。

これを踏まえて、名詞文の否定文の作り方から見ていきましょう。下の文は前に紹介した文です。意味はわかりますか？

ကျနော် ဟာ ဂျပန် လူမျိုး ပါ။
「チャノー ハー ジャパン ルーミョウ バー」
「私 (男性) は日本人です」という意味でした。これを否定文にしてみましょう。この場合、ပါ (バー) を မ (マ) と ဘူး (プー／ブー) で挟むことはできません。ပါ (バー) を先ほど紹介した မဟုတ်ဘူး (マホウップー) に置き換えます。以下のようになり、これで「私 (男性) は日本人ではありません」という意味になります。

ကျနော် ဟာ ဂျပန် လူမျိုး မဟုတ်ဘူး။
「チャノー ハー ジャパン ルーミョウ マホウップー」
動詞文の場合は、မ (マ) と ဘူး (プー／ブー) で動詞を挟

めば否定文になります。下の文も前に紹介した文ですが、意味は分かりますか？

　ကျမ ရန်ကုန် ကို သွားတယ်။
　「チャマー ヤンゴン ゴゥ トゥワーデー」

　「私（女性）はヤンゴンに行きました」という意味です。これを否定文にしてみましょう。သွား（トゥワー）が動詞になりますね。「行く」という意味です。

　ကျမ ရန်ကုန် ကို မသွားဘူး။
　「チャマー ヤンゴン ゴゥ マトゥワーブー」

　これで「私（女性）はヤンゴンに行きませんでした」という意味になります。このときတယ်（デー）は不要ですので、気を付けましょう。

チャイティーヨパゴダ（ゴールデンロック）：モン州にある有名な仏教徒の巡礼地。岩が落ちそうで落ちない。

I-4 数字・時間・日付・季節について

　ここでは、ミャンマー語特有の数字とその読み方、時間や日付（曜日も含む）の言い方、ミャンマーの季節に関する表現について解説します。

◎ミャンマー語の数字（→CD-15）

　ミャンマーでは紙幣、車のナンバー、商品の値段表示にもアラビア数字ではなく独自の数字が使われることが多いです。なので、ミャンマー数字は知っておいた方がなにかと便利です。基本になる0から10までを次頁の表6に示します。左から順にアラビア数字、ミャンマー数字、それをミャンマー文字にしたもの、カタカナ表記の読み方（日本語のイチ、ニ、サン…にあたる）となります。

　このあと 11 は ဆယ်တစ် （၁၁、セティッ）、12 は ဆယ်နှစ် （၁၂、セｧニッ）、13 は ဆယ်သုံး （၁၃、セトゥン）、14 は ဆယ်လေး （၁၄、セレー）…のように続きます。20 は နှစ်ဆယ် （၂၀、ナセー）、30 は သုံးဆယ် （၃၀、トゥンゼー）、40 は လေးဆယ် （၄၀、レーゼー）のようになります。

　百の位は ရာ（ヤー）を使い、100 は တစ်ရာ （၁၀၀、タヤー）、200 は နှစ်ရာ （၂၀၀、ｧナヤー）…のようになります。千の位と万の位はそれぞれ ထောင် と သောင်း で、カタカナで表すとどちらも「タウン」となります。つまり 1,000 も 10,000 も「タタウン」です。実際には声調などが異なるのですが、日本人には区別が難しいです。実践的には、た

表6 ミャンマー語の数字と読み方

数字	ミャンマー数字	ミャンマー文字	読み方
0	၀	သုည	トゥンニャ
1	၁	တစ်	ティッ
2	၂	နှစ်	フニッ
3	၃	သုံး	トゥン
4	၄	လေး	レー
5	၅	ငါး	ンガー
6	၆	ခြောက်	チャウッ
7	၇	ခုနှစ်	クニッ
8	၈	ရှစ်	シッ
9	၉	ကိုး	コー
10	၁၀	တစ်ဆယ်	※タセー

※ တစ်ဆယ် は文字通りには発音は「ティッセー」となるが、慣例的に軽音節化という現象が起こり「タセー」と発音する。

とえば買いたい商品の値段を聞いて「チャウッタウン」と言われた時には「Six thousand? Sixty thousand?」と英語で確かめた方が無難です。なお、十万の位、百万の位はそれぞれ သိန်း (テイン)、သန်း (タン) を使います。

◎時間や時刻の言い方 (→CD-16)

ミャンマー語に နာရီ (ナーイー) という単語があります。前に数字を置いて「～時」、「～時間」を言う時に使います (「時計」という意味もあります)。たとえば、ခြောက်နာရီ (チャウッナーイー、チャウッは6でミャンマー数字 ၆ を使ってもよ

い) は「6時」、「6時間」どちらの意味にもなります。時刻の意味であることをはっきりさせるために、たとえば「午前6時」なら မနက်၆နာရီ（マネッ チャウッナーイー）となります。မနက် は「朝」のことで、代わりに နံနက်（ナンネッ；午前）も可能です。「午後6時」は ညနေ၆နာရီ（ニャネー チャウッナーイー）となり、ညနေ は「夕方、午後」を表します。なお、「10時」は ဆယ်နာရီ（セーナーイー）となり、「×タセーナーイー」とはなりません、気を付けましょう。

時間を表す場合、နာရီ は「時間」ですが、「分」や「秒」はどう表すでしょうか。実は英語から来ており、それぞれ မိနစ်（ミニッ）、စက္ကန့်（セッカン）です。たとえば、マラソンの記録が2時間10分15秒だったとすると、ミャンマー語では以下のように表します。

နှစ်နာရီ ဆယ်မိနစ် ဆယ်ငါးစက္ကန့်
「ｯナナーイー セーミニッ センガーセッカン」

時刻に関しても、နာရီ や မိနစ် が使われます（日常では秒まで表すことはあまりありません）。たとえば「午後2時10分」は以下のようになります。နေ့လယ်（ネーレー）は「昼間」という意味です。

နေ့လယ် နှစ်နာရီ ဆယ်မိနစ်
「ネーレー ｯナナーイー セーミニッ」

ただし、20分、30分、40分、50分を表す場合は、မိနစ် が数字の前にくるので気を付けてください。

◎曜日・日付の表し方 （→CD-17）

まずは「曜日」から説明します。曜日の言い方はミャンマー独自のものです。次頁の表7を見てください。どの曜日にもついている နေ့（ネ）は「日」の意味です。

表7　ミャンマー語の曜日とその読み方

月曜日	တနင်္လာနေ့	タニンラーネ
火曜日	အင်္ဂါနေ့	インガーネ
水曜日	ဗုဒ္ဓဟူးနေ့	ボウッダフーネ
木曜日	ကြာသာပတေးနေ့	チャーダバデーネ
金曜日	သောကြာနေ့	タウチャーネ
土曜日	စနေနေ့	サネーネ
日曜日	တနင်္ဂနွေနေ့	タニンガヌエネ

　次に「日」を説明します。「ついたち」「ふつか」のように「～日」を表すミャンマー語は ရက် (イェッ) です。これは日付だけでなく「～日間」という期間も表します。なお「～日」という意味では、ရက် の後に နေ့ (ネ) を付けることもあります。たとえば、「10日」は တစ်ဆယ်ရက်(နေ့)(セーイェッ(ネ)) となります (「タ」は発音しません)。ちなみに、နေ့ は前述の曜日で共通してあることからもわかるように、「～の日」の「日」を表します。

　「月」については、曜日と違い、ミャンマーでは英語の月の呼称をそのまま使います。発音は人によって程度は違いますがミャンマー語化しています。英語に近い発音をする人もいればまったくミャンマー語化した発音をする人もいます。ここではカタカナで発音を表記します。英語の月名を自分なりの読み方で言っても通用します。次頁の表8を見てください。最後にある လ (ラ) は「月」を表しますが、なくても構いません。

　それでは、日付をミャンマー語で言ってみましょう。ミャ

表8 ミャンマー語の月とその読み方

1月	ဇန်ဝါရီလ	ザ(ン)ナワリーラ
2月	ဖေဖော်ဝါရီလ	ペボワリーラ
3月	မတ်လ	マッラ
4月	ဧပြီလ	エーピィーラ
5月	မေလ	メーラ
6月	ဇွန်လ	ズンラ
7月	ဇူလိုင်လ	ズラインラ
8月	သြဂုတ်လ	オーゴウッラ
9月	စက်တင်ဘာလ	セッティンバーラ
10月	အောက်တိုဘာလ	アウットーバーラ
11月	နိုဝင်ဘာလ	ノーウィンバーラ
12月	ဒီဇင်ဘာလ	ディーズィンバーラ

ンマーでは1月4日を「独立記念日」としており、国の重要な日の一つとされています。ミャンマー語では**လွတ်လပ်ရေးနေ့**（ルッラッイエーネ）と言います。「ルッラッイェー」は「独立」の意味なので、字義通りには「独立の日」となります。これを踏まえて、「ミャンマーの独立記念日は1月4日です」をミャンマー語にしてみましょう。「ミャンマー」はここでは国のことを指すので、**မြန်မာနိုင်ငံ**（ミャンマーナインンガン）とします（**နိုင်ငံ**は「国」の意）。これを「ルッラッイェー」の前に付けます。文の構造はI-3の「平叙文その1」と同じになりますので、そこも必要に応じて参照してください。次頁のようになりますね。

ဇန်ဝါရီလ ၄ရက်နေ့ ဟာ မြန်မာနိုင်ငံ လွတ်လပ်ရေးနေ့ ပါ။
「ザンナワリーラ レーイエッネ ハー ミャンマーナインッガン ルッラッイエーネ バー」

◎季節の言い方（→ CD-18 ）

季節は ရာသီ（ヤーディー）と言いますが、ミャンマーでは3つに区分されるのが普通です。5月から9月ごろまでが雨季、10月から2月ごろまでが乾季、3月から4月ごろまでが暑季となります。一方で、ミャンマー語でも春夏秋冬に合わせて、季節を表すこともあります。表9に一覧にしましたので、見てください。

ဦး（ウー）は「はじまり、初期」を意味しますので、たとえば「ヌエウー ヤーディー」は「暑季のはじめ」を表します。したがって、「春」は「暑季のはじめ」、「夏」は「暑季」、「秋」は「乾季のはじめ」、「冬」は「乾季」に相当することが表9からわかります。

表9　ミャンマー語の季節とその読み方

雨季	မိုးရာသီ	モウ ヤーディー
乾季	ဆောင်းရာသီ	サウン ヤーディー
暑季	နွေရာသီ	ヌエ ヤーディー
春	နွေဦးရာသီ	ヌエウー ヤーディー
夏	နွေရာသီ	ヌエ ヤーディー
秋	ဆောင်းဦးရာသီ	サウンウー ヤーディー
冬	ဆောင်းရာသီ	サウン ヤーディー

I-5 助数詞

(CD-19)

　助数詞は、日本語の「1人、2人…」「1本、2本…」のように、人や物などを数えるときに使われます。ミャンマー語でも同様に名詞の後に置いて助数詞が使われます。

　表 10 は助数詞の例です。基準が難しいこともありますが、基本的に人に対しては ယောက်（ヤウッ）、物に対しては ခု（クー / グー）を使うとだいたいうまくいきます。基本的に順番は「対象となる名詞＋数＋助数詞」となります。たとえば、以下のように使います。

　လူ သုံးယောက်（ルー トウンヤウッ）「3 人の人」
　စားပွဲ တစ်ခု（ザブエー タクー）「机 1 台」
　လူ：人　　စားပွဲ：机（1 文字目は「ザ」と発音）

　ただし、僧侶（ဘုန်းကြီး「ポゥンヂー」）に対しては ယောက် ではなく、ပါး（パー / バー）を使わなければなりません。

表 10　ミャンマー語の助数詞の例

動物	ကောင်	カウン / ガウン
果実など丸いもの	လုံး	ロゥン
棒など長いもの	ချောင်း	チャウン / ヂャウン
本など	အုပ်	オウッ
病院などの建物	ရှိ	ヨウン
国・国家	နိုင်ငံ	ナインンガン

I-6 人称代名詞・指示代名詞

ここでは、「私」「あなた」などの人称代名詞と、「これ」「あれ」などの指示代名詞について説明いたします。

◎人称代名詞 (→CD-20)

ミャンマー語では1人称 (私)、2人称 (あなた) は話し手が男性か女性かによって異なります。3人称 (彼、彼女など) は話し手の性別にかかわらず同じです。表11にまとめましたので見てください。なお、複数形は後ろに တို့ (ド) を付ければ大丈夫です。たとえば、女性が話し手の場合、「私たち」は ကျမတို့ (チャマード) となります。

実際の会話では2人称はあまり使われません。他人行儀な感じがあるようです。名前や、役職名や尊敬の意味をこめた呼称、たとえば「先生」の意の ဆရာ (サヤー) で呼び

表11　ミャンマー語の人称代名詞

	話し手が男性	話し手が女性
私	ကျနော် (チャノー)	ကျမ (チャマ)
	ကျွန်တော် (チュンドー)	ကျွန်မ (チュンマ)
あなた	ခင်ဗျား (カミャー)	ရှင် (シン)
彼・彼女	သူ (トゥー)	
彼女	သူမ (トゥーマ)	

※一人称は ကျနော်, ကျမ の方が ကျွန်တော်, ကျွန်မ より一般的

かけたり（学校の教師だけでなく目上の人一般に使う）、親密度や年齢差によっては血縁関係がなくとも「お兄さん」の意の အစ်ကို（アコゥ）や「お姉さん」の意の အစ်မ（アマ）、「おじさん」の意の ဦး（ウー）などを使う方が一般的です。

また、2人称を表す ခင်ဗျား や ရှင် は文末につけると親しみや丁寧さを表すことになります。たとえば、「ありがとうございます」を表すミャンマー語につけてみましょう。感謝の気持ちに親しみや丁寧さが増します。

ကျေးဇူးတင်ပါတယ် ခင်ဗျား(ရှင်)။
「チェーズーティンバーデー カミャー（シン）」

なお、ခင်ဗျား や ရှင် は単独で用いると「えっ？」「もう1度言ってください」の意味になります。

◎指示代名詞（→ CD-21 ）

表12がミャンマー語の主な指示代名詞です。「これら」「それら」「あれら」のように複数形を表す場合は တွေ（ドゥエ）をつけて、それぞれ ဒါတွေ（ダードゥエ）、အဲဒါတွေ（エーダードゥエ）、ဟိုဟာတွေ（ホーハードゥエ）とします。

表12　ミャンマー語の指示代名詞

この	ဒီ（ディー）
これ	ဒါ（ダー）/ ဒီဟာ（ディーハー）
その	အဲဒီ（エーディー）
それ	အဲဒါ（エーダー）/ အဲဒီဟာ（エーディーハー）
あの	ဟို（ホゥ）
あれ	ဟိုဟာ（ホゥハー）

Part II

機能表現編

ポッパ山：バガンから約 50km のところにある精霊信仰の聖地

II-1 基本的なあいさつ
(CD-22)

> ミャンマー語に限らず、言語の基本はあいさつです。相手もミャンマー語であいさつされるとうれしいと思います。ここでは、会ったとき、別れるときに使われることばを解説します。

こんにちは。

မင်္ဂလာပါ။（ミンガラーバー）

မင်္ဂလာ（ミンガラー）：祝福、幸福／ ပါ（バー）：～です

※元々は「（あなたと出会えて）幸福です」という意味。朝昼晩、時間を問わず使うことができる。

久しぶりですね。

မတွေ့တာ ကြာပြီနော်။（マトゥエダー チャービィーノー）

မ（マ）：否定を表す助辞／ တွေ့（トゥエ）：会う／ တာ（ダー）：～すること／ ကြာ（チャー）：（時間が）経つ／ ပြီ（ビィー）：～してしまった（完了を表す）／ နော်（ノー）：～ですね

※直訳は「会わない状態で時間が経ってしまいましたね」となる。

元気ですか。

နေကောင်းလား။（ネーカウンラー）

နေကောင်း（ネーカウン）：調子（具合）がよい／ လား（ラー）：Yes/No疑問文の文末に付く助辞

※親しい人どうしのあいさつは မင်္ဂလာပါ။ より နေကောင်းလား။ の方が普通。

ごはん食べましたか。

ထမင်း စားပြီးပြီလား။（タミン サーピィービィーラー）

ထမင်း（タミン）：ごはん／ စား（サー）：食べる／ ပြီးပြီ（ピィービィー）：終わった（前に動詞がついて「〜し終わった」の意）

※ミャンマー人どうしが出会ったときにまず口にするあいさつだが、最近は使用頻度が減っている。もちろん、あいさつではなく文字通りの意味でも使われる。

さようなら。

① နုတ်ဆက်ပါတယ်။（フノゥッセッパーデー）

② သွားပါအုံးမယ်။（トゥワーバーオゥンメー）／

（親しい間柄で）သွားမယ်နော်။（トゥワーメーノー）

① နုတ်ဆက်（フノゥッセッ）：あいさつする／ ပါတယ်（パーデー）：〜いたします（丁寧さを表す）

※「（お別れの）あいさつをいたします」という意味

② သွား（トゥワー）：行く／ ပါအုံးမယ်（バオゥンメー）：〜することにします／ မယ်နော်（メーノー）：（これから）〜しますね

※どちらも「これから行きます」という意味。

また会いましょう。

ပြန်တွေ့ကြရအောင်။（ピャントゥエヂャーヤーアウン）

ပြန်（ピャン）：また、再び（元は「戻る」の意）／ ကြရအောင် （ヂャーヤーアウン）：〜しましょう（→ II-23）

II-2 自己紹介

(CD-23)

はじめてお会いした方には自己紹介することも多いと思います。そんなときに使える表現を紹介いたします。ぜひ自分のことをミャンマー語で表現してみましょう。

はじめまして、私の名前は鈴木です。
တွေ့ရတာ ဝမ်းသာပါတယ်၊ ကျနော့် နာမယ် စုဇုကီ ပါ။
(トゥエヤーダー ウンターバーデー チャノー ナーメー スズキバー)

တွေ့ (トゥエ)：会う／ရ：〜できる（တွေ့ရတာ で「お会いできて」の意）／ဝမ်းသာပါတယ် (ウンターバーデー)：うれしいです (→ II-8)／ကျနော့် (チャノー)：私の／နာမယ် (ナーメー)：名前／စုဇုကီ (スズキ)：鈴木（日本人の名前をミャンマー文字化したもの、アルファベットで書いてもよい）／ပါ (バー)：〜です

※最初の文は直訳は「お会いできてうれしいです」で、初対面の際に使われるあいさつ。

日本から来ました。
ဂျပန် က လာပါတယ်။ (ジャパン ガ ラーバーデー)
ဂျပန် (ジャパン)：日本／က (ガ)：〜から／လာ (ラー)：来る／ပါတယ် (バーデー)：〜しました

(私は) 日本人です。
ဂျပန် လူမျိုး ပါ။ (ジャパン ルーミョウ バー)
လူမျိုး (ルーミョウ)：民族、〜人
※「私は」の部分は文脈や状況から明らかな場合は、言わなくてもよい。

(私は) 会社員です。
ကုမ္ပဏီ ဝန်ထမ်း ပါ။ (コウンパニー ウンダン バー)
ကုမ္ပဏီ (コウンパニー)：会社、企業／ဝန်ထမ်း (ウンダン)：職員、従業員
※ ကုမ္ပဏီ は英語の company がミャンマー語化したもの

名前は何といいますか。
နာမယ် ဘယ်လို ခေါ်ပါသလဲ။
(ナーメー ベーロゥ コーバーダレー)
ဘယ်လို (ベーロゥ)：どう、どのように (→ II-42)／ခေါ် (コー)：呼ぶ／ပါသလဲ (バーダレー)：〜するのですか (疑問詞を使った疑問文で、丁寧に尋ねるときに使う)

仕事は何をしていますか。
ဘယ်လို အလုပ်မျိုး လုပ်နေသလဲ။
(ベーロゥ アロウッミョウ ロウッネーダレー)
ဘယ်လို (ベーロゥ)：どのような〜 (→ II-40)／အလုပ်မျိုး (アロウッ)：仕事／မျိုး (ミョウ)：種類／လုပ် (ロウッ)：する／နေ (ネー)：〜している／သလဲ (ダレー)：上の例のပါသလဲ と同じ意味 (いくぶん丁寧さは弱い)

II-3 会話のやりとり
(CD-24)

> 会話の中で、確認をしたり、間を埋めたり驚きなどの感情を表すときに使われ、会話を円滑に進めるために便利だと思われることばを集めてみました。

これはミャンマー語で何と言いますか。
ဒီဟာ မြန်မာ လို ဘယ်လို ခေါ်သလဲ။
(ディーハー ミャンマーロゥ ベーロゥ コーダレー)

ဒီဟာ（ディーハー）：これ／မြန်မာ လို（ミャンマーロゥ）：ミャンマー語で／ဘယ်လို（ベーロゥ）：どのように、どう（→II-42）／ခေါ်（コー）：呼ぶ／သလဲ（ダレー）：〜するのですか

※ ဒီ を Hello にすれば「Hello はミャンマー語で何と言いますか」のようにいろいろ応用できる。

ちょっと待ってください。
ခဏ စောင့်ပါ။（カナ サウンバー）

ခဏ（カナ）：ちょっと、少しの時間／စောင့်（サウン）：待つ／ပါ（バー）：〜してください（→II-16）

もう一度言ってください。
နောက်တစ်ခါ ပြောပေးပါ။（ナウッタカー ピョーペーバー）

36

နောက် (ナウッ)：さらに／တစ်ခါ (タカー)：一回／ပြော (ピョー)：話す、言う／ပေးပါ (ペーバー)：～してください (→ II-16)

わかりました。／わかりません。／わかりましたか。
နားလည်ပါတယ်။ (ナーレーバーデー) ／
နားမလည်ပါဘူး။ (ナーマレーバーブー) ／
နားလည်လား။ (ナーレーラー)
နားလည် (ナーレー)：わかる、理解する／မ～ပါဘူး (マ～バーブー)：～しません (မ～ဘူး で否定を、ပါ は丁寧さを表す)
／လား (ラー)：Yes/No 疑問文の文末に付く助辞
※否定文や疑問文の作り方については I-3 も参照のこと。

本当ですか。
တကယ်လား။ (ダゲーラー)
တကယ် (ダゲー)：事実

そりゃたいへんだ！
ဘုရား ဘုရား။ (パヤー パヤー)
ဘုရား (パヤー)：仏さま（「パゴダ」の意もある）
※思いがけない事態に驚いたときに使われる。

困ったものだ。
ဒုက္ခ။ (ドゥッカー)
ဒုက္ခ (ドゥッカー)：苦難、困難
※難題をもちかけられとき、思い通りの結果が得られないときに使われる。

Part II

機能表現編

II-4 緊急時に使うことば (CD-25)

ミャンマーの治安は比較的よいと評価されているものの、慣れない環境の海外では何かしらトラブルが起きる可能性はあります。使わないに越したことはないことばですが、万が一のときのために覚えておくことをお勧めします。

助けて！
① （生命の危険に関わるような場合）ကယ်ပါ။（ケーバー）
② （手伝ってほしい場合）ကူညီပေးပါ။（クーニーペーバー）
① ကယ်（ケー）：救う、助ける／ပါ（バー）：～してください（→ II-16）
② ကူညီ（クーニー）：手伝う、助ける／ပေးပါ（ペーバー）：～してください（→ II-16）

泥棒だ！
သူခိုး။（タコゥ）
သူခိုး（タコゥ）：泥棒（字のとおりに読めば「トゥーコゥ」だが「タコゥ」と発音する）

やめてください。
မလုပ်နဲ့။（マロウッネ）

လုပ် (ロウッ)：する／ မ～နဲ့ (マ～ネ)：～しないでください（→ II-17）

手を放して。

လက် လွှတ်ပါ။ (レッフルッパー)

လက် (レッ)：手／လွှတ် (フルッ)：放す、解放する／ပါ → II-16（前の音が促音のため有声化せずに「パー」となる）

触らないで。

မထိနဲ့။ (マティーネ)

ထိ (ティー)：触れる、触る

待て！

စောင့်။ (サウン)

စောင့် (サウン)：待つ（動詞をそのままの形で使うと強い命令になる）

警察を呼びます。

ရဲ ကို ခေါ်မယ်။ (イエー ゴゥ コゥメー)

ရဲ (イエー)：警察／ခေါ် (コゥ)：呼ぶ／မယ် (メー)：未来を表す助辞（「これから呼びます」ということ）

お金を盗まれました。

ငွေ အခိုးခံရတယ်။ (ングエ アコゥカンヤーデー)

ငွေ (ングエ)：お金／အခိုးခံ (アコゥカン)：盗まれる（ခိုး は「盗む」、ခံ は「受ける」の意、「盗むことを受ける」で受動態の意味になる）／ရ (ヤー)：～するはめになる

Part II

機能表現編

39

II-5 体調不良のときに使うことば (CD-26)

　不慣れな環境の海外では、体調が悪くなることもあると思います。ミャンマーでは、水が不衛生であることや油の多い料理を食べる機会が多いことなどから、お腹を壊す人は少なくありません。それ以外にも猛烈な暑さで調子が悪くなることもあります。そんなときに使えそうなことばを紹介いたします。

調子が悪いです。

နေမကောင်းဘူး။ (ネーマカウンブー)

နေကောင်း (ネーカウン)：調子がいい／ မ ～ ဘူး (マ～ブー)：
～しません、～ではありません（否定の表し方については→I-3）

・・・・・・・・・・・・・・・・・・・・・・・・・・・・・・・・

頭が痛いです。

ခေါင်း ကိုက်တယ်။ (ガウン カイッテー)

ခေါင်း (ガウン)：頭／ ကိုက် (カイッ)：痛む

・・・・・・・・・・・・・・・・・・・・・・・・・・・・・・・・

おなかが痛いです。

ဗိုက် နာတယ်။ (バイッ ナーデー)

ဗိုက် (バイッ)：おなか、腹部／ နာ (ナー)：痛い、調子が悪い

※同じ「痛い」でも ကိုက် (カイッ) は頭のみについてことを表し、နာ (ナー) はそれ以外の部位が痛い場合を表すことに注意。

・・・・・・・・・・・・・・・・・・・・・・・・・・・・・・・・

熱があります。
ဖျားတယ်။（ピャーデー）
ဖျား（ピャー）：熱がある

吐き気がします。
အန်ချင်တယ်။（アンヂンデー）
အန်（アン）：吐く／ချင်（ヂン）：〜したい（→ II-12）

めまいがします。
ခေါင်း မူးတယ်။（ガウン ムーデー）
မူး（ムー）：ふらふらする（「頭がふらふらする」ということ）

下痢です。
ဝမ်း လျှောတယ်။（ウン ショーデー）
ဝမ်း（ウン）：腹部（「ウァン」と発音する人もいる）／လျှော（ショー）：（おなかのなかのものが）滑り落ちる

体温計はありますか。
ပြဒါးတိုင်ရှိလား။（バダータイン シーラー）
ပြဒါးတိုင်（バダータイン）：体温計（ပြဒါး は「水銀」、တိုင် は「柱、棒状のもの」の意、ပြဒါး は字のとおりには「ピャダー」と読むが、実際は「バダー」と発音する）／ရှိလား（シーラー）：〜はありますか（→ II-11）

II-6 (〜してくれて) ありがとうございます CD-27

基本パターン

(〜တာ) ကျေးဇူးတင်ပါတယ်
(〜ダー) チェーズーティンバーデー
(〜တာ) ကျေးဇူးပဲ
(〜ダー) チェーズーベー

ご招待していただき、ありがとうございます。——
どういたしまして。楽しんでください。
ဖိတ်ကြားခြင်း ခံရတာ ကျေးဇူးတင်ပါတယ်။ ——
ကိစ္စမရှိပါဘူး။ ပျော်ပျော်ပါးပါး နေပါ။
ペイチャージン カンヤダー チェーズーティンバーデー ——
ケイッサーマシーバーブー ｜ ピョービョーパーバー ネーバー

パゴダを案内してくれて、ありがとう。——
どういたしまして。また来てくださいね。
ဘုရား ကို လမ်းပြပေးတာ ကျေးဇူးပဲ။ ——
ကိစ္စမရှိပါဘူး။ လာလည်ပါအုံးနော်။
パヤー ゴゥ ランピャペーダー チェーズーベー ——
ケイッサーマシーバーブー ｜ ラーレーバーオゥンノー

【補足】「どういたしまして」は ကိစ္စမရှိပါဘူး（ケイッサーマシーバーブー）と言う。ကိစ္စ（ケイッサー）は「用件、事柄」、မရှိပါဘူး は「ありません」という意味で「用件はありま

> **ポイント**
>
> 「ありがとうございます」は ကျေးဇူးတင်ပါတယ် (チェーズティンバーデー) といいます。その前の 〜တာ (ダー) は「〜すること」という意味で，全体としては「〜することに感謝します」くらいの意味です。例文にあるように ခံရ (〜を受けることができる)、ပေး (〜してもらう) などが前に来て「〜してくれる」の意味になります。会話では「ありがとう」という意味で ကျေးဇူးပဲ (チェーズーベー) もよく使います。

ဖိတ်ကြား (ペイチャー):招く、招待する／ခြင်း (ジン):〜すること (前の動詞を名詞化する)／ခံ (カン):受ける／ရ (ヤ):できる／ပျော်ပျော်ပါးပါး (ピョービョーパーバー):楽しく／နေ (ネー):過ごす

※ ဖိတ်ကြားခြင်း (ペイチャージン) で「招待すること、招待」の意となる。

ဘုရား (パヤー):パゴダ、寺院／ကို (ゴゥ):〜を、〜へ／လမ်းပြ (ランピャ):案内する (元は「道を示す」)／ပေး (ペー):〜してくれる (元は「与える」)／လာလည် (ラーレー):訪問する／ပါဦး (バーオゥン):〜してください／နော် (ノー):〜ね (親しみを込めた呼びかけ)

せん」から「どうということはありません」→「どういたしまして」という意味に転じる。

II-7 （〜して）申し訳ありません CD-28

基本パターン

（〜 တာ） ဆောရီးပါ
（〜ダー） ソーリーバー
（〜 တာ） တောင်းပန်ပါတယ်
（〜ダー） タウンバンバーデー

水をこぼしてしまって申し訳ありません。——
大丈夫です。気にしないでください。
ရေဖိတ်သွားတာ ဆောရီးပါ။ ——
ကိစ္စမရှိပါဘူး။ စိတ်မပူပါနဲ့။
イエー ペイトゥワーダー ソーリーバー ——
ケイッサーマシーバーブー｜セイッマプバーネ

遅刻してしまって申し訳ありません。——
今後は気をつけてくださいね。
နောက်ကျသွားတာ တောင်းပန်ပါတယ်။ ——
နောင်မှာ သတိထားပါနော်။
ナウッチャトゥワーダー タウンバンバーデー ——
ナウンｯマー ダディターバーノー

> **ポイント**
>
> 謝罪をする際には、英語の sorry に由来する ေဆာရီးပါ（ソーリーバー）、または ေတာင်းပန်ပါတယ်（タウンバンバーデー）を使います。前者は不意にぶつかった時など、軽く謝るときに使われ、後者は深刻なミスをした場合に用いるのが普通です。なお「〜」には動詞が来ますが、その後の တာ（ダー）は「〜すること」という意味で動詞を名詞化する働きをします（→ II-6）。全体として「〜することに対して謝罪します」くらいの意味です。

ေရ（イェー）：**水**／ ဖိတ်（ペイ）：**こぼす**／ သွား（トゥワー）：**〜してしまう**（元は「行く」）／ ကိစ္စမရှိပါဘူး။（ケイッサーマシーバーブ）：**大丈夫です**（→ II-6）／ စိတ်ပူ（セイップー）：**心配する、気にする**（元は「気持ち（စိတ်）を熱くする（ပူ）」）／ မ〜ပါနဲ့（マ〜バーネ）：**〜しないでください**（→ II-17）

※ မ〜ပါနဲ့ の「〜」には動詞しか来ないので、「気にしないでください」は စိတ်မပူပါနဲ့ となる

နောက်ကျ（ナウッチャ）：**遅れる**／ နောင်မှာ（ナウンッマー）：**今後**／ သတိထား（ダディター）：**注意する、気をつける**（元は「注意（သတိ）を置く（ထား）」）／ နော်（ノー）：**〜ね**（→ II-6）

II-8　(〜して)うれしい／残念です　CD-29

基本パターン

(〜 တာ) ဝမ်းသာပါတယ် ／
(〜 တာ) ဝမ်းနည်းပါတယ်
(〜ダー) ウンターバーデー／
(〜ダー) ウンネーバーデー

お会いできてうれしいです。[はじめまして。]

တွေ့ရတာ ဝမ်းသာပါတယ်။

トゥエヤーダー ウンターバーデー

おみやげをいただいて、とてもうれしいです。

လက်ဆောင် ပေးတာ အရမ်း ဝမ်းသာပါတယ်။

レッサウン ペーダー アヤン ウンターバーデー

結婚することをうれしく思います。[結婚おめでとう。]

မင်္ဂလာဆောင်တာ ဝမ်းသာပါတယ်။

ミンガラーサウンダー ウンターバーデー

お別れするのが大変残念です。

ကွဲကွာရတာ အရမ်း ဝမ်းနည်းပါတယ်။

クゥエークゥワーヤーダー アヤン ウンネーバーデー

> **ポイント**
>
> 　「うれしい」は ဝမ်းသာပါတယ် (ウンターバーデー)、「残念だ、悲しい」は ဝမ်းနည်းပါတယ် (ウンネーバーデー) を用います。その前の 〜တာ (ダー) は「〜すること」という意味で、動詞を名詞化する役割をはたします (→ II-6)。「〜することについてうれしい／残念だ」ということです。第３例文にあるように、文脈によっては ဝမ်းသာပါတယ် (ウンターバーデー) は「おめでとう」を意味することもあります。

တွေ့ (トゥエ)：会う／ရ (ヤー)：〜 (することが) できる
※初対面のときによく使われるあいさつ。

လက်ဆောင် (レッサウン)：おみやげ、贈り物／ပေး (ペー)：くれる／အရမ်း (アヤン)：とても、大いに

မင်္ဂလာဆောင် (ミンガラーサウン)：結婚する

※この文は「私が結婚するのがうれしい」という意味と、「あなたが結婚するのがうれしい」（つまり「結婚おめでとう」）の意味のどちらにも解釈できる。もっとも、その場の状況で誰が結婚するのかは明らかであるのが普通なので、主語を明確にする必要は基本的にはない。

ကွဲကွာ (クゥエークゥワー)：別れる、別々になる／ရ (ヤー)：〜しなければならない (→ II-20)

II-9 〜が好きです
(CD-30)

基本パターン

〜 ကြိုက်တယ်
〜チャイテー

モヒンガーが大好きです。
မုန့်ဟင်းခါးသိပ် ကြိုက်တယ်။
モゥンヒンガー テイッ チャイテー

ミャンマー人はカラオケが好きですね。
မြန်မာတွေ ကာရာအိုကေ ကြိုက်တယ်နော်။
ミャンマードゥエ カラオケ チャイテーノー

この色はあまり好きではありません。
ဒီ အရောင် ကိုတော့ သိပ် မကြိုက်ဘူး။
ディー アヤウン ゴゥドォ テイッ マチャイプー

辛いものは好きですか。── はい、好きです。／
いいえ、好きではありません。
အစပ် ကြိုက်လား။ ── ဟုတ်ကဲ့၊ ကြိုက်တယ်။／
ဟင့်အင်း၊ မကြိုက်ဘူး။
アサッ チャイラー ── ホウッケ チャイテー／
ヒンイン マチャイプー

> **ポイント**
>
> 「好きだ」は ကြိုက် (チャイ) という動詞を用いて、ကြိုက်တယ် (チャイテー) とし、その前に好きであるものの対象を置きます。「好きではない、嫌い」という場合は、否定文にして မကြိုက်ဘူး (マチャイプー) とします。疑問文では、တယ် を လား (ラー) にかえて ကြိုက်လား (チャイラー) としましょう。

မုန့်ဟင်းခါး (モゥンヒンガー)：**モヒンガー**（ミャンマーの代表的な麺料理）／ သိပ် (テイッ)：**とても、大いに**（အရမ်း (アヤン) も可→ II-8）

မြန်မာ (ミャンマー)：**ミャンマー人**（ဗမာ (バマー) も可）／ တွေ (ドゥエ)：**〜たち**（複数を示す）／ ကာရာအိုကေ (カラオケ)：**カラオケ**／ နော် (ノー)：**ですね**（確認や同意を求める）

အရောင် (アヤウン)：**色**／ ကိုတော့ (ゴゥドォ)：**〜については**（強調を表す、なくてもよい）／ သိပ် မ 〜 ဘူး (ティッマ〜プー)：**あまり〜ではない**

အစပ် (アサッ)：**辛いもの**（စပ် (サッ) は「辛い」の意）

II-10 〜に興味があります (CD-31)

基本パターン

〜 ကို စိတ်ဝင်စားပါတယ်

〜ゴゥ セイッウィンザーバーデー

※〜に興味がない
〜 ကို စိတ်မပါဘူး
〜ゴゥ セイッマパーブー

ミャンマーの踊りに興味があります。

မြန်မာအက ကို စိတ်ဝင်စားပါတယ်။

ミャンマーアカ ゴウ セイッウィンザーバーデー

この店のおみやげには興味はありません。

ဒီဆိုင် က လက်ဆောင်ပစ္စည်းတွေ ကို စိတ်မပါဘူး။

ディーサイン ガ レッサウンピッスィードゥエー ゴウ セイッマパーブー

夜市に興味はありますか。──
はい、あります。／いいえ、ありません。

ညဈေး ကိုစိတ်ဝင်စားပါသလား။ ──
ဟုတ်ကဲ့ စိတ်ဝင်စားပါတယ်။ ／ ဟင့်အင်း စိတ်မပါဘူး။

ニャゼー ゴウセイッウィンザーバーダラー ── ホウッケ セイッウィンザーバーデー／ヒンイン セイッマパーブー

50

> **ポイント**
>
> 「興味がある」は စိတ်ဝင်စားပါတယ် (セイッウィンザーバーデー) と言います。その前に～ ကို (ゴゥ) をおくと「～に」を表します。「興味がありません」と否定するときには စိတ်မပါဘူး (セイッマパーブー) となり、形が変わりますので、注意してください。疑問形は တယ် (デー) を သလား (ダラー) にします。答えるときに ဟုတ်ကဲ့ (ホウッケ)、ဟင့်အင်း (ヒンイン) はなくても構いません。それぞれ「はい」、「いいえ」くらいの意味で使っています。

အက (アカ):**踊り、舞踊**（က は「踊る」の意）

ဆိုင်(サイン):**店**／က:**～から(の)、～の**／ လက်ဆောင်ပစ္စည်း (レッサウンピッスィー):**おみやげ**（လက်ဆောင် (レッサウン) も可→ II-8)／ တွေ (ドゥエ):**複数であることを示す**（ここではお店にあるおみやげは複数あるのが普通なので付けられている→ II-9)

ညဈေး (ニャゼー):**夜市**（ည は「夜」、ဈေး は「市場」の意）

II-11 〜が…を持っています〔…が〜にあります〕 CD-32

基本パターン

〜 မှာ … ရှိတယ်
〜ˌマー … シーデー

私は今1000チャットだけ持っています。
အခု ကျနော် မှာ ကျပ်၁၀၀၀ပဲ ရှိတယ်။
アクー チャノー ˌマー チャッタタウンベー シーデー

チョーチョーさんはここにはいません。
ကိုကျော်ကျော် ဒီမှာ မရှိဘူး။
コッチョーチョー ディーˌマー マシーブー

この通りに市場はありますか。――
はい、あります。／いいえ、ありません。
ဒီလမ်း မှာ ဈေးရှိလား။ ―― ရှိတယ်။／မရှိဘူး။
ディーラン ˌマー ゼーシーラー ―― シーデー／マシーブー

【補足】မှာ（ˌマー）は「〜に、〜で」を表す助辞。

> **ポイント**
>
> ミャンマー語では「～が…を持っている」と「…が～にある」は ရှိတယ် (シーデー) を使って同じ構造で表します。「ない」「持っていない」と否定する場合は မရှိဘူး (マシーブー) となります。「ありますか」「持っていますか」と疑問文にする場合は、တယ် (デー) を လား (ラー) に変えます。返答には ရှိတယ် (シーデー)、မရှိဘူး (マシーブー) を使いましょう。

အခု (アクー)：今／ ကျနော် (チャノー)：私（話者が男性の場合）／ ကျပ် (チャッ)：**チャット**（ミャンマーの通貨）／ ပဲ (ベー)：～だけ

※「私のところに1000チャットだけある」という意味から「私は1000チャットだけ持っている」という意味に転ずるということに注意。

ကိုကျော်ကျော် (コッチョーチョー)：**男性の名前** (ကို は男性の名前の前につける語。目上の人には代わりに ဦး (ウー) をつける)／ ဒီမှာ (ディーゥマー)：ここに、ここで

လမ်း (ラン)：**通り**（ဒီလမ်းမှာ で「この通りに」の意）／ ဈေး (ゼー)：**市場、マーケット**

II-12 〜したいです

(CD-33)

基本パターン

〜 ချင်တယ်
〜ヂンデー

シュエダゴンパゴダに行きたいです。
ရွှေတိဂုံဘုရား ကို သွားချင်တယ်။
シュエディゴゥンパヤー ゴゥ トワーヂンデー

おなかがいっぱいになりました。
これ以上、食べたくないです。
ဗိုက် ပြည့် ပါပြီ။ ဒီထက် ပို မစားချင်ဘူး။
バイ ピィエバービー ｜ ディーテッ ポゥ マサーヂンブー

ヤンゴンで環状線に乗りたいですか。――
はい、乗りたいです。／いいえ、乗りたくないです。
ရန်ကုန် မှာ မြို့ပတ်ရထား စီးချင်သလား။ ――
ဟုတ်ကဲ့၊ စီးချင်တယ်။ ／ ဟင့်အင်း၊ မစီးချင်ဘူး။
ヤンゴン ッマー ミョウパッヤター
スィーヂンダラー　――　ホウッケ スィーヂンデー／
ヒンイン マスィーヂンブー

54

> **ポイント**
>
> 　「〜したい」と希望を伝えるときは、〜ချင်တယ်（ヂンデー）を用います。有声化しない場合は「ヂ」が「チ」になります（→ p.12）。「〜したいですか」と希望を尋ねるときはတယ်（デー）をသလား（ダラー）に置き換えて、ချင်သလား（ヂンダラー）とします。「〜したくない」は「動詞＋ချင်」をမ（マ）とဘူး（ブー）で挟みます。

ရွှေတိဂုံဘုရား（シュエディゴゥンパヤー）：シュエダゴンパゴダ（ヤンゴンにある有名なパゴダ）／ကို（ゴゥ）：〜へ／သွား（トゥワー）：行く

ဗိုက်（バイ）：腹、おなか／ပြည့်（ピィエ）：いっぱいになる、満ちる／ပါပြီ（バービー）：〜してしまいました（ပါは丁寧を表し、ပြီが完了を表す）／ဒီ（ディー）：これ／ထက်（テッ）：〜より／ပို（ポゥ）：（より）以上

မှာ（ˎマー）：〜で／မြို့（ミョウ）：町、市／ပတ်（パッ）：めぐる、まわる／ရထား（ヤター）：電車、列車／စီး（スィー）：乗る／ဟုတ်ကဲ့（ホウッケ）：はい（→ II-10）／ဟင့်အင်း（ヒンイン）：いいえ（→ II-10）

※「環状線（の電車）」は「市をまわる電車」という意味に置き換えてမြို့ပတ်ရထား（ミョウパッヤター）という。

II-13 〜しましょうか
CD-34

基本パターン

〜 မလား
〜マラー

手伝いましょうか。—— ぜひお願いします。

ကူညီပေးမလား။ —— ဟုတ်ကဲ့၊ ဆက်ဆက်ကူညီပေးပါ။

クーニーペーマラー —— ホゥッケ セッセッ
クーニーペーバー

荷物を運んであげましょうか。——
結構です、軽いですから。

ပစ္စည်း သယ်ပေးရမလား။ ——
ကိစ္စမရှိပါဘူး။ ပေါ့တယ်။

ピッスィ テーペーヤーマラー ——
ケイッサマシーバーブー｜ポォデー

タクシーを呼びましょうか。——
結構です、歩いて行きます。

တက္ကစီ ခေါ်မလား။ —— တော်ပြီ၊ လမ်းလျှောက်မယ်။

テッカスィー コーマラー —— トービー ランシャウッメー

> **ポイント**
>
> 「～しましょうか」と何かを申し出るときには ～ မလား(マラー)を使います。မ はこれからすることを表すため、直訳としては「私はこれから～しますか」という意味になるので、「～しましょうか」という申し出の表現になります。答え方は受け入れる場合は、ဟုတ်ကဲ့(ホウッケ)、断る場合は ကိစ္စမရှိပါဘူး(ケイッサマシーバーブー)などを使います。

ကူညီ(クーニー)：助ける、手伝う／ ပေး：～してあげる (→ II-6) ／ ဆက်ဆက်(セッセッ)：ぜひ、必ず、きっと／ ပေးပါ(ペーバー)：～してください (→ II-16)

ပစ္စည်း(ピッスィ)：荷物／ သယ်(テー)：運ぶ／ ပေး(ペー)：～してあげる／ ရ(ヤー)：～しなければならない (→ II-20) ／ ကိစ္စမရှိပါဘူး(ケイッサマシーバーブー)：どうってことはありません、結構です (→ II-6) ／ ပေါ့(ポォ)：軽い

※「軽いですから」の「ですから」の意味合いを出すために သယ် (テー) の代わりに လို့ (ロゥ) を使うこともある。

တက္ကစီ(テッカスィー)：タクシー (実際の発音は「テッスィー」に近い) ／ ခေါ်(コー)：呼ぶ／ တော်ပြီ(トービー)：十分です、結構です (ကိစ္စမရှိပါဘူးも可) ／ လမ်းလျှောက်(ランシャウッ)：歩く (လမ်း は「道」の意→ II-11)

II-14 〜してもいいです
CD-35

基本パターン

〜 လို့ ရပါတယ်
〜ロゥ ヤーバーデー

このパソコンを使ってもいいですよ。
ဒီကွန်ပျူတာ ကို သုံးလို့ ရပါတယ်။
ディークンピューター ゴゥ トウンロゥ ヤーバーデー

ドルで払ってもいいですか。── いいですよ。
ဒေါ်လာ နဲ့ ပေးလို့ ရပါသလား။ ── ရပါတယ်။
ドーラーネ ペーロゥ ヤーバーダラー ── ヤーバーデー

もう少しここにいてもいいですか。──
ダメです。時間がありません。
ဒီမှာ ခဏ ဆက်နေလို့ ရပါသလား။ ──
မရဘူး။ အချိန်မရှိဘူး။
ディーフマー カナ セッネーロゥ ヤーバーダラー ──
マヤーブー｜ アチェイン マシーブー

【補足】လို့ は「〜すること」を、ရ は「〜できる」を表すので、直訳は「〜することができる」となり、そこから「〜してもいい」という許可を表す表現となる。

58

> **ポイント**
>
> 「～してもいいです」と許可する際に使うミャンマー語は ～ လို့ ရပါတယ် (ロゥ ヤーバーデー) です。「～してもいいですか」と許可を求める際には တယ် を သလား に置き換えて、～ လို့ ရပါသလား (ロゥ ヤーバーダラー) とします。答え方は OK ならば ရပါတယ် (ヤーバーデー)、ダメならば မရဘူး (マヤーブー) となります。

ကွန်ပျူတာ (クンピューター)：コンピューター、パソコン / ကို (ゴゥ)：～を / သုံး (トウン)：使う

ဒေါ်လာ (ドーラー)：ドル / နဲ့ (ネ)：～で (手段、方法を表す) / ပေး (ペー)：払う、与える、渡す (→ II-6、II-13)

ဒီမှာ (ディーフマー)：ここに、ここで (→ II-11) / ခဏ (カナ)：少しの間、ちょっとの間 / ဆက် (セッ)：このまま続けて (後ろに動詞を伴う) / နေ (ネー)：いる、住む (ဆက်နေ で「い続ける」の意) / အချိန် (アチェイン)：時間 / မရှိဘူး (マシーブー)：ない (→ II-11)

II-15 ～してくれませんか CD-36

基本パターン

～ ပေးမလား

～ペーマラー

あの花瓶を見せてくれませんか。── はい、どうぞ。

ဟိုက ပန်းအိုး ကို ပြပေးမလား။ ── ဟုတ်ကဲ့၊ ဒီမှာ။

ホゥガ パンオウ ゴゥ ピャペーマラー ──
ホゥッケ ディーっマー

明日、漆器の工房へ連れていってくれませんか。── 了解しました。

မနက်ဖန် ယွန်းထည် အလုပ်ရုံ ကို ခေါ်သွားပေးမလား။ ── ရပါတယ်။

マネッパン ユンデー アロウッヨン ゴゥ コートゥワー
ペーマラー ── ヤーバーデー

返事は少し待ってくれませんか。──
ダメです、今日返事をしてください。

အဖြေ ကိုတော့ ခဏ စောင့်ပေးမလား။ ──
မရဘူး၊ ဒီနေ့ မှာပဲ အဖြေပေးပါ။

アピエ ゴゥド カナ サウンペーマラー ──
マヤーブー ディーネっマーベー アピエペーパー

60

> **ポイント**
>
> 「〜してくれませんか」と丁寧に依頼する場合は 〜 ပေးမလား（ペーマラー）で表します。ပေး は「〜してくれる」で မ はこれからすることを表します。答え方は II-14 と同様に肯定する場合は ရပါတယ်（ヤーバーデー）、否定する場合は မရဘူး（マヤーブー）などを使います。

ဟို（ホゥ）：あそこ／ က（ガ）：〜にある／ ပန်းအိုး（パンオウ）：花瓶（ပန်း が「花」、အိုး が「瓶、壺」の意）／ ကို（ゴゥ）：〜を／ ပြ：見せる／ ဒီမှာ（ディーゥマー）：どうぞ、こちらです（元の意味は「ここに、ここで」→II-11）

မနက်ဖန်（マネッパン）：明日／ ယွန်းထည်（ユンデー）：漆器／ အလုပ်ရုံ（アロウッヨン）：工房／ ကို（ゴゥ）：〜へ（→II-12）

※ အလုပ်ရုံ は小規模な工房を指し、機械化され、大規模なものは စက်ရုံ（セッヨン）という。

အဖြေ（アピエ）：返事、答え／ ကိုတော့（ゴゥド）：〜については／ ခဏ（カナ）：少しの間（→II-14）／ စောင့်（サウン）：待つ／ ဒီနေ့（ディーネ）：今日／ မှာပဲ（ゥマーベー）：〜のうちには（ဒီနေ့မှာပဲ で「今日のうちには」の意）／ ပေး（ペー）：くれる／ ပါ（バー）：〜してください（→II-16）

II-16 ～してください

基本パターン

～ ပေးပါ
～ペーバー

ティンティンさんにEメールを送ってください。
မသင်းသင်း ကို အီးမေးလ် ပို့ပေးပါ။
マティンティン ゴゥ イーメー ポゥペーバー

今週は午前9時に事務所に来てください。── わかりました。
ဒီအပတ် ကျတော့ မနက်၉နာရီ မှာ ရုံး ကို လာပေးပါ။ ── ရပါတယ်။
ディーアパッ チャド マネッコゥナーイー ァマー ヨウン ゴゥ ラーペーバー ── ヤーバーデー

（ホテルで）部屋を見せてください。── はい、2階に上がってください。
အခန်း ပြပေးပါ။ ── ဟုတ်ကဲ့၊ ၂ထပ် ကို တက်ပါ။
アカン ピャペーバー ── ホウッケ ァナッタッ コゥ テッパー

> **ポイント**
>
> 「～してください」と依頼する場合は～ ပေးပါ（ペーバー）で表します。ပေးは「～してくれる」という意味で（→ II-6、II-13）、「（私のために）～してください」というニュアンスのある依頼です。第3例の応答の文にある တက်ပါ（テッパー）のように ပါ（パー／バー）をつけるだけで一般的な命令を表すこともできます。

Part II 機能表現編

မသင်းသင်း（マティンティン）：**女性の名前**（မ は女性の名前の前につける語。目上の人には代わりに ဒေါ်（ドー）をつける→II-11）／ ကို（ゴゥ）：～に／ အီးမေးလ်（イーメー）：**E メール**／ ပို့（ポゥ）：**送る**

ဒီအပတ်（ディーアパッ）：**今週**（အပတ် は「週」の意）／ ကျတော့（チャド）：**～にあたっては**（တော့ は強調を表し、「(他の週と違って)今週は」の意）／ မနက်（マネッ）：**朝、午前**／ ရုံး（ヨウン）：**事務所、役所**／ လာ（ラー）：**来る**／ ရပါတယ်（ヤーバーデー）：**できます、わかりました**（→ II-14）

အခန်း（アカン）：**部屋**／ ပြ（ピャ）：**見せる**／ ၂ထပ်（フナッタッ）：**2階**／ တက်（テッ）：**上がる**（တက်ပါ で「上がってください」という命令を表す）

※「2階」は အပေါ်ထပ်（アポータッ、「上の階」の意）としてもよい。

II-17 〜しないでください CD-38

基本パターン

မ 〜 ပါနဲ့
マ〜バーネ

大きな声で話さないでください。
အသံ ကျယ်ကျယ် နဲ့ မပြောပါနဲ့။
アタン チェーヂェー ネ マピョーバーネ

子どもの頭に触らないでください。
ကလေး ရဲ့ ဦးခေါင်း ကို မထိပါနဲ့။
カレー イェ ウーガウン ゴゥ マティーバーネ

あそこに入らないでください。
ဟိုနေရာ ကို မဝင်ပါနဲ့။
ホゥネーヤー ゴゥ マウィンバーネ

ここで写真を撮らないでください。
ဒီမှာ ဓါတ်ပုံ မရိုက်ပါနဲ့။
ディーッマー ダッポゥン マヤイッバーネ

> **ポイント**
>
> 　「～しないでください」と禁止する場合は ᴍ ～ ပါနဲ့ (マ～バーネ) で表します。第4例のように ပါ は有声化しなければ、「パー」と発音します。また、ပါ がないと「～するな」という強い禁止を表します。ᴍ は否定文の ᴍ ～ ဘူး (マ～ブー) で使われるものと同じものです。

အသံ (アタン)：声／ ကျယ်ကျယ် (チェーヂェー)：大きい (本来は ကျယ် だが、အသံ を後ろから修飾するため2回繰り返している)／ နဲ့ (ネ)：～で（手段、方法を表す）／ ပြော (ピョー)：話す

ကလေး (カレー)：子ども／ ရဲ့ (イェ)：～の／ ဦးခေါင်း (ウーガウン)：頭／ ကို (ゴゥ)：～に／ ထိ (ティー)：触る、触れる

※ミャンマーでは子どもの頭を触るのはタブー。

ဟိုနေရာ (ホゥネーヤー)：あの場所、あそこ／ ဝင် (ウィン)：入る

ဒီမှာ (ディーッマー)：ここで、ここに (→ II-11)／ ဓာတ်ပုံ (ダッポゥン)：写真／ ရိုက် (ヤイッ)：撮る

II-18 〜しなくてもいいです (CD-39)

基本パターン

〜 ဖို့ မလိုဘူး
〜ボ マロゥブー

明日、事務所は休みです。来なくてもいいですよ。

မနက်ဖန် ရုံး ပိတ်မယ်။ လာဖို့ မလိုဘူး။

マネッパン ヨウン ペイッメー｜ラーボ マロゥブー

切符は買わなくてもいいです。

運転手にお金を払ってください。

လက်မှတ် ဝယ်ဖို့ မလိုဘူး။ ယာဉ်မောင်းသူ ကို ပိုက်ဆံပေးပါ။

レッマッ ウェーボ マロゥブー｜
インマウンドゥ ゴゥ パイッサンペーバー

市場には行かなくてもいいです。

１度買い物をしたことがあります。

ဈေး သွားဖို့ မလိုဘူး။ တစ်ခါ ဈေးဝယ် ဘူးပါတယ်။

ゼー トゥワーボ マロゥブー｜タカー ゼーウェーブーバーデー

> **ポイント**
>
> 「～しなくてもいいです」と不要であることを伝える場合は ～ဖို့ မလိုဘူး（～ボ マロゥブー）で表します。ဖို့（ボ）は「～すること」という動詞を名詞化する働きをし、လို（ロゥ）は「必要である」という意味です。したがって「～することは必要ない」→「～しなくてもいい」という意味になります。

မနက်ဖန်（マネッパン）：明日／ရုံး（ヨウン）：事務所、役所（→II-16）／ပိတ်（ペイッ）：閉める（「事務所を閉める」で「事務所が休み」の意）／လာ（ラー）：来る

လက်မှတ်（レッㇷマッ）：切符／ဝယ်（ウェー）：買う／ယာဥ်（イン）：乗り物、車／မောင်း（マウン）：運転する／သူ（ドゥ）：人（ယာဥ်မောင်းသူ で「運転手」の意）／ကို（ゴゥ）：～に／ပိုက်ဆံ（パイッサン）：お金／ပေး（ペー）：払う（→II-14）／ပါ（バー）：～してください（→II-16）

ဈေး（ゼー）：市場／တစ်ခါ（タカー）：1回、1度（ခါ が「～回」を表す助数詞）／ဈေးဝယ်（ゼーウェー）：買い物をする／ဘူးပါတယ်（ブーバーデー）：～したことがある（→II-19）

II-19 〜したことがあります (CD-40)

基本パターン

〜 ဘူးပါတယ်
〜ブーバーデー

日本でミャンマー語を勉強したことがあります。
ဂျပန် မှာ မြန်မာစကား ကို သင်ဘူးပါတယ်။
ジャパン ッマー ミャンマーザガー ゴウ ティンブーバーデー

ポッパ山に登ったことがありません。
ပုပ္ပါးတောင် ကို မတက်ဘူးပါဘူး။
ポッパータウン ゴゥ マテップーバーブー

ロンジーをはいたことはありますか。――
はい、あります。／いいえ、ありません。
လုံချည် ဝတ်ဘူးလား။ ―― ဟုတ်ကဲ့ ဝတ်ဘူးပါတယ်။／
ဟင့်အင်း၊ မဝတ်ဘူးပါဘူး။
ロウンジー ウップーラー ―― ホウッケ ウップーバーデー／
ヒンイン マウップーバーブー

【補足】第2例文、第3例文のように ဘူး（ブー）は有声化せずに「プー」と発音することもある。

> **ポイント**
>
> 「～したことがあります」と経験したことについて語る場合は ～ ဘူးပါတယ်（～ブーバーデー）を使います。「～したことがない」と否定する場合は မ ～ ဘူးပါဘူး（マ～プーバーブー）となります。「～したことがありますか」と尋ねるときは ဘူးပါတယ် を ဘူးလား（ブーラー）とします。答えは ဟုတ်ကဲ့（ホウッケ）や ဟင့်အင်း（ヒンイン）を使います。

ဂျပန်（ジャパン）：**日本** ／ မှာ（ュマー）：**～に、～で** ／ မြန်မာစကား（ミャンマーザガー）：**ミャンマー語** ／ ကို（ゴゥ）：**～を** ／ သင်（ティン）：**学ぶ、習う**

ပုပ္ပါးတောင်（ポッパータウン）：**ポッパ山**（バガンの南東にある精霊信仰の聖地、တောင် が「山」の意）／ ကို（ゴゥ）：**～に** ／ တက်（テッ）：**登る**

လုံချည်（ロウンジー）：**ロンジー**（ミャンマーで日常的に着用されている筒状の衣類で、伝統的な民族衣装）／ ဝတ်（ウッ）：**着る、身につける**

II-20 ～しなければなりません (CD-41)

基本パターン

～ ရမယ်
～ヤーメー

パゴダではサンダルをぬがなければなりません。
ဘုရားပေါ် မှာ ဖိနပ် ချွတ်ရမယ်။
パヤーポー ゥマー パナッ チュッヤーメー

これから出かけなければなりません。
ခုမှာပဲ အပြင် ထွက်ရမယ်။
クーゥマーベー アピィン トゥエッヤーメー

もう１カ月ミャンマーに滞在します。
ビザを更新しなければなりません。
နောက်ထပ်တစ်လ မြန်မာ မှာ နေဖို့ ရှိတယ်။
ဗီဇာ သက်တမ်း တိုးရမယ်။
ナウッタッタラ ミャンマー ゥマー ネーボ シーデー｜
ビーザー テッタン トゥーヤーメー

> **ポイント**
>
> 「〜しなければなりません」と義務があることを伝える場合には 〜ရမယ်（〜ヤーメー）を使います。I-3で説明したように မယ် は未来のことを表しますので、「これから〜しなければならない」ということです。ちなみに 〜ရတယ်（〜ヤーデー）は過去や現在のことを表すので「〜しなければならなかった」「（習慣的に）〜しなければならない」と言うときに使います。

ဘုရား（パヤー）：パゴダ、寺院／ ပေါ်（ポー）：〜の上（ဘုရား ပေါ် で「寺院の敷地の上」の意）／ ဖိနပ်（パナッ）：サンダル、靴（字の通りには「ピナッ」、基本的にサンダルと普通の靴を区別しない）／ ချွတ်（チュッ）：脱ぐ
※ミャンマーでは寺院で裸足にならなければならない。

ခုမှာပဲ（クーヮマーベー）：これから（実際は ခု が「今」、မှာ が「〜において」の意、ပဲ は前の言葉を強める働きをするので「今まさに」ということ）／ အပြင်（アィピン）：外／ ထွက်（トゥエッ）：出る

နောက်ထပ်（ナウッタッ）：さらに、もう（ထပ် は「重ねる」の意）／ တစ်လ（タラ）：1ヶ月／ နေ（ネー）：滞在する／ 〜 ဖို့ ရှိတယ်（〜ボ シーデー）：〜することになる（今後の予定について話すときに使う）／ ဗီဇာ（ビーザー）：ビザ、在留資格／ သက်တမ်း（テッタン）：期間、期限／ တိုး（トゥー）：延ばす、広げる、前進する

II-21 〜した方がいいです (CD-42)

基本パターン

〜 တာ ပိုကောင်းတယ်
〜ダー ポゥカウンデー

ホテルまでは遠いです。タクシーを呼んだ方がいいです。

ဟိုတယ် က တော်တော် ဝေးတယ်။
တက္ကစီ ခေါ်တာ ပိုကောင်းတယ်။

ホゥテー ガ トードー ウェーデー｜
テッスィ コーダー ポゥカウンデー

大丈夫ですか。病院に行った方がいいですよ。

ရလား။ ဆေးရုံ သွားတာ ပိုကောင်းတယ်။

ヤーラー｜セーヨウン トゥワーダー ポゥカウンデー

懐中電灯を持っていった方がいいですか。――
はい、外は暗いです。

လက်နှိပ်ဓါတ်မီး ယူသွားတာ ပိုကောင်းလား။ ――
ဟုတ်ကဲ့၊ အပြင် မှာ မှောင်နေတယ်။

レッ,ネイッダッミー ユートゥワーダー ポゥカウンラー ――
ホウッケ アピィン ,マー ,マウンネーデー

72

> ポイント
>
> 「〜した方がいいです」と助言する場合は〜တာပိုကောင်းတယ်（〜ダー ポゥカウンデー）を使います。〜တာ は「〜すること」という意味で、動詞を名詞化する役割を果たし、ပို は「より〜」（→II-29）、ကောင်း は「よい」を表すので、直訳は「〜することのほうがよりよい」ということになります。疑問文にするときは တယ် を လား（ラー）にします。

ဟိုတယ်（ホゥテー）：ホテル／က（ガ）：〜が、〜は／တော်တော်（トードー）：かなり、相当／ဝေး（ウェー）：遠い、離れている／တက္ကစီ（テッスィ）：タクシー（文字通りには「テッカスィー」で「カ」の音は実質的に発音されない）／ခေါ်（コー）：呼ぶ

ရလား။（ヤーラー）：大丈夫ですか？／ဆေးရုံ（セーヨウン）：病院／သွား（トゥワー）：行く

လက်နှိပ်ဓါတ်မီး（レッネイッダッミー）：懐中電灯（လက် は「手」、နှိပ် は「押す」、ဓါတ်မီး は「電灯」の意）／ယူသွား（ユートゥワー）：持って行く（ယူ が「取る」、သွား が「行く」の意）／ဟုတ်ကဲ့（ホゥッケ）：はい（→II-10）／အပြင်（アピィン）：外、屋外（အပြင် မှာ で「外（で）は」の意）／မှောင်（ˉマウン）：暗い／နေ（ネー）：（状態が）〜である

II-22 ～してみます

CD-43

基本パターン

～ ကြည့်မယ်
～チィメー

パスポートをなくしました。大使館へ行ってみます。
ပတ်စ်ပို့ ပျောက်သွားပြီ။ သံရုံး ကို သွားကြည့်မယ်။
パッサポ ピャウットゥワービィー｜タンヨウン ゴゥ
トゥワーチィメー

ちょっと待ってください。
日本の本社へ電話をかけてみます。
ခဏ စောင့်ပါ။ ဂျပန် က ရုံးချုပ် ကို ဖုန်းဆက်ကြည့်မယ်။
カナ サウンバー｜ジャパン ガ ヨウンジョウッ ゴゥ
ポウンセッチィメー

うちのオウンノゥカウスエを味見してみませんか。
အိမ် က အုန်းနို့ခေါက်ဆွဲ ကို စားကြည့်မလား။
エイン ガ オウンノゥカウスエ ゴゥ サーチィマラー

> **ポイント**
>
> 「〜してみます」と試みることを伝えるときは 〜ကြည့်မယ် (〜チィメー) を使います。ကြည့် は元々「見る」という意味で、日本語でも「みる」とあるので発想は似ていますね。第3例文のように疑問文にしてကြည့်မလား (チィダラー) とすると「〜してみませんか」という勧誘のニュアンスが出てきます。

Part II 機能表現編

ပတ်စပို့ (パッサポ):**パスポート**／ပျောက် (ピャウッ):**なくす**（元は「消える、失せる」）／သွားပြီ (トゥワービィー):**〜してしまう**(完了を表す)／သံရုံး (タンヨウン):**大使館**／ကို (ゴゥ):**〜に**／သွား (トゥワー):**行く**

ခဏ (カナ):**少しの間**／စောင့် (サウン):**待つ**（うしろに ပါ がきて命令になる）／ဂျပန် က (ジャパン ガ):**日本の、日本にある**（က はここでは「〜の、〜にある」の意）／ရုံးချုပ် (ヨゥンジョウッ):**本社、本部**（ရုံး は「会社、事務所」、ချုပ် は「トップ、一番上」の意）／ဖုန်းဆက် (ポゥンセッ):**電話する**（ဖုန်း は「電話」、ဆက် は「つなぐ、連絡する」の意）

အိမ် က (エイン ガ):**うちの、我が家の**（အိမ် は「家」の意）／အုန်းနို့ခေါက်ဆွဲ (オウンノゥカウスエ):**ココナッツミルク入りラーメン**（ミャンマーの代表的な麺料理。အုန်းနို့ は「ココナッツミルク」、ခေါက်ဆွဲ は「麺類一般」を指す）／စား (サー):**食べる**

75

II-23 ～しましょう

CD-44

基本パターン

～ ရအောင်
～ヤーアウン

さあ、みなさん、仕事をはじめましょう。
ကဲ အားလုံး အလုပ်စလုပ် ကြရအောင်။
ケー アーロウン アロウッサーロウッ チャヤーアウン

疲れました。あそこの喫茶店で休憩しましょう。――
いいですね。
မောသွားပြီ။ ဟို က လက်ဖက်ရည်ဆိုင် မှာ နားကြရအောင်။ ――
ကောင်းတယ်။
モートゥワービィ｜ホゥ ガ ラペッィェサイン ｯマー ナーヂャ
ヤーアウン ―― カウンデー

ウィンアウンさんがまだ来ていません。――
もう少し待ちましょう。
ကိုဝင်းအောင် မလာသေးဘူး။ ―― ခဏ စောင့်ရအောင်။
コゥウィンアウン マラーデーブー ―― カナ サウンヤーアウン

ポイント

「〜しましょう」と勧誘するときは 〜ရအောင် (〜ヤーアウン) を使います。第１例、第２例のように、「私もあなたも一緒に」という意味合いを強調したい場合は，動作の主体が複数であることを示す役割を果たす ကြ (チャ／ヂャ) をつけることもあります。

ကဲ (ケー)：さあ、それじゃあ (文頭に使う) ／ အားလုံး (アーロウン)：みんな、すべて (人にも、ものにも使う) ／ အလုပ် (アロウッ)：仕事、職業／ စ (サー)：始める／ လုပ် (ロウッ)：(仕事を) する (အလုပ်စလုပ် で「仕事を始める」の意)

မော (モー)：疲れる、くたびれる／ သွားပြီ (トゥワービィー)：〜してしまう (完了を表す) ／ ဟိုက (ホゥガ)：あそこの／ လက်ဖက်ရည်ဆိုင် (ラペッィェサイン)：喫茶店／ မှာ (ゥマー)：〜で／ နား (ナー)：休む、休憩する／ ကောင်း (カウン)：よい、問題ない

ကိုဝင်းအောင် (コゥウィンアウン)：男性の名前 (ကို については→ II-11) ／ လာ (ラー)：来る／ သေး (テー)：いまだに、まだ (မလာသေးဘူး で「まだ来ていない」の意)／ခဏ (カナ)：少しの間／ စောင့် (サウン)：待つ

II-24 ～するかもしれません (CD-45)

基本パターン

～ ဖို့ အလားအလာရှိတယ်
～ポ アラーアラーシーデー

雨が降るかもしれません。
မိုးရွာဖို့ အလားအလာရှိတယ်။
モーユワーボ アラーアラーシーデー

事務所からメールが来ているかもしれません。
チェックしてください。
ရုံးကနေ အီးမေးလ် ရောက်နေဖို့ အလားအလာရှိတယ်။
ကြည့်ပေးပါ။
ヨウンガネー イーメー ヤウッネーボ アラーアラーシーデー ｜
チィペーバー

ニイニイさんはあと１時間くらい戻ってこないかもしれません。
ကိုညီညီ နောက်ထပ် တစ်နာရီလောက် ပြန်မလာဖို့အလားအလာရှိတယ်။
コゥニイニイ ナウッタッ タナーイーラウッ ピャンマラーボ アラーアラーシーデー

> **ポイント**
>
> 「〜するかもしれません」と可能性があることを伝えるときは 〜ဖို့ အလားအလာရှိတယ်（〜ポ アラーアラーシーデー）を使います。「〜しないかもしれない」というときは「〜」にくる動詞に否定を表すမ（マ）を使って、မ〜ဖို့ အလားအလာရှိတယ် とします。一般的な否定文で使われる ဘူး は不要ですので気をつけましょう。

မိုးရွာ（モーユワー）：雨が降る（မိုး が「雨」、ရွာ が「降る」の意）

※ 基本パターンの ဖို့（ポ）は有声化して「ボ」と発音されている。第2例文、第3例文も同様。

ရုံး（ヨゥン）：会社、事務所／ ကနေ（ガネー）：〜から／ အီးမေးလ်（イーメー）：Eメール／ ရောက်（ヤウッ）：着く、届く／ နေ（ネー）：〜している／ ကြည့်（チィ）：見る、（メールなどを）チェックする／ ပေးပါ（ペーバー）：〜してください（→II-16）

ကိုညီညီ（コゥニイニィ）：男性の名前（ကို については→II-11）／ နောက်ထပ်（ナウッタッ）：さらに、もう／ တစ်နာရီ（タナーイー）：1時間／ လောက်（ラウッ）：〜くらい、約〜／ ပြန်လာ（ピャンラー）：戻る、帰ってくる（否定を表す မ は လာ の前に置く）

II-25 ～してしまいました

(CD-46)

基本パターン

～ သွားပြီ　　※まだ～していない
～トゥワービィー　　မ～သေးဘူး
　　　　　　　　　　マ～デーブー

テレビが壊れてしまいました。——
壊れていませんよ。停電です。

တီဗီ ပျက်သွားပြီ။ —— ပျက်တာ မဟုတ်ဘူး။ မီးပြတ်တာပါ။
ティーヴィー ピェットゥワービー ——
ピェッター マホゥップー｜ミーピャッターバー

蚊にたくさん刺されてしまいました。——
蚊取り線香をつけましょうか。

ခြင်ကိုက်ခံရတာ များသွားပြီ။ —— ခြင်ဆေးခွေ ထားမလား။
チンカイカンヤーダー ミャートゥワービー ——
チンゼーグゥエ ターマラー

会議はまだ終わりませんか。—— まだ終わっていません。

အစည်းအဝေး မပြီးသေးဘူးလား။ —— မပြီးသေးဘူး။
アスィーアウェー マピーデーブーラー —— マピーデーブー

> **ポイント**
>
> 「~してしまいました」と完了したことを伝えるときは~ သွားပြီ(~トゥワービィー)を使います。「まだ~していません」は否定文で使われる မ ~ ဘူး(マ~ブー)(→I-3、p. 20)と「まだ」を表す သေး(デー)を合わせて မ ~ သေးဘူး(マ~デーブー)とします。第3例文では Yes/No 疑問文なので最後に လား(ラー)が付いています。

Part II 機能表現編

တီဗီ (ティーヴィー):テレビ／ ပျက် (ピェッ):壊れる／ ပျက်တာမဟုတ်ဘူး (ピェッターマホゥップー):壊れていません (တ で動詞を名詞化、မဟုတ်ဘူး は「違う」の意で、「壊れたということは違う」ということ)／ မီးပြတ်တာ:停電する (မီး は「電気」、ပြတ်တာ は「途絶える」の意)／ တာပါ (ターバー):~です (တ で前の動詞を名詞化、元は「~することです」の意)

ခြင် (チン):蚊／ ကိုက်ခံ (カイカン):刺される／ ရ (ヤー):~するはめになる (→II-4)／ များ (ミャー):多い (ခြင်ကိုက်ခံရတာများ で「蚊に刺されることが多い」→「蚊にたくさん刺される」)／ ခြင်ဆေးခွေ (チンゼーグゥエ):蚊取り線香／ ထား (ター):置く／ မလား (マラー):~しましょうか (→II-13)

အစည်းအဝေး (アスィーアウェー):会議／ ပြီ (ピィー):終わる

II-26 （能力的に）～できます
CD-47

基本パターン

～ တတ်ပါတယ်
～タッパーデー

ミャンマー語を少し話せます。
မြန်မာစကား နဲနဲ ပြောတတ်ပါတယ်။
ミャンマーザガー ネーネー ピョータッパーデー

ミャンマー数字は読めません。
မြန်မာဂဏန်း ကို မဖတ်တတ်ဘူး။
ミャンマーガナン ゴゥ マパッタップー

泳げますか。——
はい、泳げます。／いいえ、泳げません。
ရေကူးတတ်သလား။ ——
ဟုတ်ကဲ့၊ ကူးတတ်ပါတယ်။ ／ ဟင့်အင်း၊ မကူးတတ်ဘူး။
イェークータッタラー ——
ホウッケ クータッパーデー／ヒンイン マクータップー

> **ポイント**
>
> 「日本語を話せる」など、能力的に可能であることを伝えるときは ～ တတ်ပါတယ် (～タッパーデー) を使います。「～できない」というときは မ～ တတ်ဘူး (マ～タップー) とします。「～できますか」と尋ねる場合は ～ တတ်သလား (タッタラー) とすれば OK です。

မြန်မာစကား (ミャンマーザガー):ミャンマー語／ နည်းနည်း (ネーネー):少し、ちょっと／ ပြော (ピョー):話す

မြန်မာဂဏန်း (ミャンマーガナン):ミャンマー数字／ ကို (ゴゥ):～を／ ဖတ် (パッ):読む

ရေကူး (イェークー):泳ぐ (ရေ は「水」、ကူး は「渡る、横切る」の意、返答では ရေ は言うまでもないので省略できる)／ ဟုတ်ကဲ့ (ホウッケ):はい (→II-10) ／ ဟင့်အင်း (ヒンイン):いいえ (→II-10)

II-27 （状況的に）～できます　CD-48

基本パターン

～ နိုင်ပါတယ်
～ナインバーデー

ここで両替ができます。
ဒီမှာ ငွေလဲနိုင်ပါတယ်။
ディｧマー ﾝグエレーナインバーデー

雨季のあいだ、この道を車は通行できません。
မိုးရာသီ မှာ ဒီလမ်း ကို ကားတွေ မပြေးနိုင်ပါဘူး။
モゥヤーディー ｧマー ディーラン ゴゥ カードゥエ マピエー
ナインバーブー

このホテルに今日1泊することはできますか。――
すみません、満室です。
ဒီဟိုတယ် မှာ ကနေ့ တစ်ည တည်းနိုင်သလား။ ――
တောင်းပန်ပါတယ်၊ အခန်း အားလုံး ပြည့်နေပါတယ်။
ディーホーテー ｧマー ガネ タニャ テーナインダラー ――
タウンバンバーデー アカン アーロウン ピエネーバーデー

84

> **ポイント**
>
> 「ここで携帯電話を充電できる」など、状況的に可能であることを伝えるときは ～ နိုင်ပါတယ်（～ナインバーデー）を使います。「～できない」というときは မ～ နိုင်ဘူး（マ～ナインブー）とします。「～できますか」と尋ねる場合は နိုင်သလား（ナインダラー）とすればOKです。

Part II　機能表現編

ဒီမှာ（ディフマー）:ここで、この場所で／ငွေလဲ（ングエレー）:両替する（ငွေ は「お金」、လဲ は「替える」の意）

မိုးရာသီ（モゥヤーディー）:雨季／မှာ（ﾝﾏ）:～には、～においては／လမ်း（ラン）:道／ကို（ゴゥ）:～を／ကား（カー）:車／တွေ（ドゥエ）:複数であることを示す（ここでは通行する車は1台だけではないので付けられている→II-9）／ပြေး（ピエー）:走る

ဟိုတယ်（ホーテー）:ホテル／ကနေ့（ガネ）:今日／တစ်ည（タニャ）:1晩／တည်း（テー）:泊まる／တောင်းပန်ပါတယ်（タウンバンバーデー）:すみません、申し訳ありません（→II-7）／အခန်း（アカン）:部屋／အားလုံး（アーロウン）:すべて／ပြည့်နေ（ピエネー）:いっぱいである

II-28 〜ようです
CD-49

基本パターン

〜 တာ နဲ့တူတယ်
〜ダー ネトゥーデー

彼は疲れているようです。元気づけましょう。

သူ ပင်ပန်းနေတာ နဲ့တူတယ်။ အားပေး ကြရအောင်။

トゥー ピンバンネーダー ネトゥーデー |
アーペー ヂャヤーアウン

チョウチョウさんは彼氏がいるようですよ。——
それは残念です。

မချိုချို့ မှာ ရည်းစားရှိတာ နဲ့တူတယ်။ ——
ကြားရတာ ဝမ်းနည်းတယ်။

マチョウチョウ ュマー イーザーシーダー ネトゥーデー ——
チャーヤダー ウンネーデー

私の上司がこの商品の価格に満足していないようです。

ကျနော့်အထက်အရာရှိ က ဒီကုန်ပစ္စည်း ဈေးနှုန်း အပေါ်
မကျေနပ်တာ နဲ့တူတယ်။

チャノ アテッアヤーシー ガ ディーコゥンピッスィー
ゼーュノゥン アポー マチェーナッター ネトゥーデー

> **ポイント**
>
> 「～ようです」と様子を伝えるときに使うミャンマー語は ～ တာ နဲ့တူတယ် (～ダー ネトゥーデー) です。တာ は動詞を名詞化し、～ နဲ့တူတယ် は「～と同じだ」という意味なので、直訳は「～することと同じだ」となります。そこから「～ようです」という意味に転じます。「～ないようです」というときは「～」の前に否定を表す မ (マ) を置きます。

ပင်ပန်း (ピンバン): 疲れる／ နေ (ネー): ～している／ အားပေး (アーペー): 力づける、励ます／ ကြရအောင် (チャヤーアウン): ～しましょう (→II-23)

မချိုချို (マチョウチョウ): 女性の名前 (→II-16) ／ မှာ (フマ): ～に／ ရည်းစား (イーザー): 恋人／ ရှိ (シー): いる (→II-11) ／ ကြားရတာ (チャーヤダー): (そのニュースを) 聞いて (ကြား は「聞く」の意)／ ဝမ်းနည်းတယ် (ウンネーデー): 残念だ (→II-8)
※返答は「(そのニュースを) 聞いて残念だ」ということ。

ကျနော့် (チャノ): 私の (「ノ」が下降調になることで「～の」という意になる)／ အထက် (アテッ): 上 (階級、位置ともに使う)／ အရာရှိ (アヤーシー): 役職者／ က (ガ): ～が／ ကုန်ပစ္စည်း (コゥンピッスィー): 商品／ ဈေးနှုန်း (ゼーヮノウン): 価格／ အပေါ် (アポー): ～について／ ကျေနပ် (チェーナッ): 満足する

II-29 より〜／最も〜
CD-50

基本パターン

ပို ～／အ ～ ဆုံး
ポー～／ア～ゾウン

この部屋はあの部屋より広いですか。――
はい、広いです。／いいえ、広くないです。
ဒီအခန်း ဟာ ဟိုအခန်း ထက် ပိုကျယ်လား။ ――
ဟုတ်ကဲ့၊ ကျယ်ပါတယ်။ ／ ဟင့်အင်း၊ မကျယ်ပါဘူး။
ディーアカン ハー ホゥアカン テッ ポーチェーラー ――
ホウッケ チェーバーデー／ヒンイン マチェーバーブー

このカレーが一番おいしいですね。
ဒီဟင်း က စားလို့အကောင်းဆုံးပါ။
ディーヒン ガ サーロアカウンゾウンバー

> **ポイント**
>
> 　ここでは比較を表す表現を取り上げます。「より～」と何かと何かを比較する場合は ပို ～（ポー～）を使います。ပို は元々は「余っている、余分な」という意味です。比較の対象は ထက် (テッ) の前に置きます。「最も～」は အ ～ ဆုံး（ア～ゾウン）で表します。「～」に形容詞などが入ります。

အခန်း（アカン）：部屋／ဟာ（ハー）：～は／ထက်（テッ）：～より（比較の対象を表す）／ကျယ်（チェー）：広い／ဟုတ်ကဲ့（ホウッケ）：はい（→ II-10）／ဟင့်အင်း（ヒンイン）：いいえ（→ II-10）

ဟင်း（ヒン）：**カレー**／စားလို့ကောင်း（サーロカウン）：**おいしい**（元は「食べるのにいい」の意）

※ ဟင်း は副食一般をさす言葉でもある。ミャンマー料理の代表的なものは、日本でいうカレーである。ကြက်သားဟင်း（チェッターヒン）は「鶏肉カレー」、ဝက်သားဟင်း（ウェッターヒン）は「豚肉カレー」、အမဲသားဟင်း（アメーダーヒン）は「牛肉カレー」のこと。

II-30 何を～しますか

CD-51

基本パターン

ဘာ ～ လဲ
バー～レー

朝食は何を食べますか。—— パンと果物を食べます。

နံနက်စာ ဘာ စားမလဲ။ ——
ပေါင်မုန့် နဲ့ သစ်သီးတွေ စားမယ်။
ナンネッサー バー サーマレー ——
パウンモウン ネ ティッティードゥエ サーメー

明日は何をしたいですか。——
部屋でゆっくりしたいです。

မနက်ဖန် ဘာ လုပ်ချင်သလဲ။ ——
အခန်း မှာ အေးအေးဆေးဆေး နေချင်တယ်။
マネッパン バー ロゥッチンダレー ——
アカンｯマー エーエーセーゼー ネーヂンデー

> **ポイント**
>
> 　物事を尋ねる際に使うミャンマー語は ဘာ（バー）です。英語の what のように必ずしも文頭に来るとは限りませんので注意して下さい（他の疑問詞についても同様です）。疑問詞を使った疑問文なので、文末は လဲ を置きます。

နံနက်စာ（ナンネッサー）：**朝食**／ စား（サー）：**食べる**／ ပေါင်မုန့်（パウンモウン）：**パン**／ နဲ့（ネ）：**〜と**／ သစ်သီး（ティッティー）：**果物**／ တွေ（ドゥエ）：**複数であることを示す**（→ II-9）

※ မ は未来を表すので、この文は「<u>これから</u>朝食に何を食べますか」という意味。မ が တ になると、現在・過去のことになるので「(習慣的に)何を朝食に食べますか」または「何を朝食に食べましたか」という意味になる。

မနက်ဖန်（マネッパン）：**明日**／ လုပ်（ロウッ）：**〜する**／ ချင်（チン）：**〜したい**（→ II-12）／ အခန်း（アカン）：**部屋**／ အေးအေးဆေးဆေး（エーエーセーゼー）：**のんびりと、ゆっくりと**／ နေ：**すごす**（元は「いる、住む」の意）

II-31 だれが〔を〕～しますか (CD-52)

基本パターン

ဘယ်သူ ~ လဲ
ベドゥー～レー

だれがガイドですか。──
私です。ミャミャといいます。
ဘယ်သူ က ညွှတ်လမ်းညွှန်လဲ။ ──
ကျမပါ။ မြမြ လို့ ခေါ်ပါတယ်။
ベドゥー ガ エーランニュンレー ──
チャマバー ミャミャ ロゥ コーバーデー

だれがこの仕事をやりますか。──
ニーニーさんがやります。
ဒီအလုပ် ကို ဘယ်သူ လုပ်မလဲ။ ── ကိုညီညီ လုပ်မယ်။
ディーアロゥッ ゴゥ ベドゥー ロゥッマレー ──
コゥニーニー ロゥッメー

だれを探しているのですか。──
ウィンミンさんを探しています。
ဘယ်သူ ကို ရှာနေသလဲ။ ── ကိုဝင်းမင်း ကို ရှာနေတယ်။
ベトゥ ゴゥ シャーネーダレー ──
コゥウィンミン ゴゥ シャーネーデー

> **ポイント**
>
> 　人について尋ねる際に使うミャンマー語は သယ်သူ (ベドゥー) です。文字通りには「ベードゥー」となりますが、慣例的に「ベドゥー」と読むことに注意しましょう。そのあとに助辞の က (ガ) や ကို (ゴゥ) が来るとそれぞれ「だれが」、「だれを」という意味になりますが、第2例文のように省略されることもあります。疑問詞を使った疑問文なので、文末は လဲ を置きます。

က (ガ): 〜が／ ဧည့်လမ်းညွှန် (エーランニュン): ガイド (ဧည့် が「客」、လမ်းညွှန် が「案内人」の意)／ မြမြ (ミャミャ): 女性の名前／ လို့ (ロゥ): 〜と／ ခေါ် (コー): 呼ぶ (ခေါ်ပါတယ် で「呼びます」→「いいます」)

အလုပ် (アロゥッ): 仕事／ လုပ် (ロウッ): 〜する／ ကိုညီညီ (コゥニーニー): 男性の名前 (ကို については→ II-11)

ရှာ (シャー): 探す／ ကို (ゴゥ): 〜を／ နေ (ネー): 〜している

II-32 どこ〜しますか
(CD-53)

基本パターン

ဘယ် 〜 လဲ
ベー〜レー

トイレはどこですか。—— あそこです。
အိမ်သာ ဘယ်မှာလဲ။ —— ဟိုမှာ ရှိတယ်။
エインダー ベーッマーレー —— ホゥッマー シーデー

どこから来ましたか。—— 東京からです。
ဘယ်က လာသလဲ။ —— တိုကျို က ပါ။
ベーガ ラーダレー —— トゥキョウ ガ バー

どこへ行きたいですか。——
マンダレーに行きたいです。
ဘယ်ကို သွားချင်လဲ။ —— မန္တလေး ကို သွားချင်တယ်။
ベーゴゥ トゥワーヂンレー ——
マンダレー ゴゥ トゥワーヂンデー

> **ポイント**
>
> 　場所を尋ねる際に使うミャンマー語は ဘယ် (ベー) です。そのあとに助辞 မှာ (ｯマー) がくると「どこに、どこで」、ကို (ゴゥ) がくると「どこへ」、က (ガ) がくると「どこから」という意味になります。疑問詞を使った疑問文なので、文末には လဲ を置きます。

အိမ်သာ (エインダー)：トイレ／ဟိုမှာ (ホーｯマー)：あそこに／ရှိတယ် (シーデー)：あります（→ II-11）

က (ガ)：〜から／လာ (ラー)：来る／တိုကျို (トーキョウ)：東京（ミャンマー語には「キョ」の音がないため、ミャンマー人は字のとおりに「トーチョウ」と発音する傾向がある。付属 CD でもそのように発音されている）

သွား (トゥワー)：行く／ချင် (ヂン)：〜したい（→ II-12)／မန္တလေး (マンダレー)：マンダレー（ミャンマー第2の都市）

II-33 どれくらい〜ですか

CD-54

基本パターン

〈量〉ဘယ်လောက် 〜 လဲ　ベラウッ〜レー

〈数〉ဘယ်နှစ် ＋数助詞 〜 လဲ　ベｯナッ〜レー

これがサクラタワーですね。高さはどれくらいですか。
―― およそ 100 メートルです。

ဒါ က ဆာကူရာတာဝါ ပေါ့နော်။ အမြင့် ဘယ်လောက် ရှိလဲ။
―― မီတာ ၁၀၀ လောက်ပါ။

ダー ガ サクラタワー ボノー｜アミｨン ベラウッ シーレー
―― ミーター タヤー ラウッパー

りんごは何個ありますか。―― 4個あります。

ပန်းသီး ဘယ်နှစ်လုံး ရှိသလဲ။ ―― ၄ လုံး ရှိပါတယ်။

パンディー ベｯナッロゥン シーダレー ――
レーロゥン シーバーデー

（レストランで）何名さまでしょうか。―― 4人です。

ဘယ်နှစ်ယောက် ရှိပါသလဲ။ ―― ၄ ယောက် ပါ။

ベｯナッヤウッ シーバーダレー ―― レー ヤウッ パー

> **ポイント**
>
> 量を尋ねる際に使うミャンマー語は ဘယ်လောက် (ベラウッ) で、数を尋ねる際には ဘယ်နှစ် (ベッナッ) を使います。ただし ဘယ်နှစ် の後には I-5 で紹介した助数詞がきます。疑問詞を使った疑問文なので、文末には လဲ を置きます。

က (か): 〜が (→ II-31) ／ ဆာကူရာတာဝါ (サクラタワー): **サクラタワー** (ヤンゴンにある日本資本によって建てられたビル) ／ ပေါ့နော် (ボノー): **〜なんですね** (同意を求める言い方) ／ အမြင့် (アミィン): **高さ** ／ မီတာ (ミーター): **メートル** (မီတာ ၁၀၀ で「100 メートル」の意。100 や 1000 などのきりのいい数字のときは数字は後に置かれる) ／ လောက် (ラウッ): **〜くらい**

ပန်းသီး (パンディー): **りんご**／ လုံး (ロゥン): **〜個** (→ I-5) ／ ရှိ (シー): **ある、存在する** (→ II-11)

ယောက် (ヤウッ): **〜人** (→I-5)／ ရှိပါသလဲ (シーバーダレー): **いらっしゃいますか** (ပါ がつくことで丁寧な聞き方になる)
※「レストラン、飲食店」は စားသောက်ဆိုင် (サータウッサイン)。

II-34 どれ〜ですか
(CD-55)

基本パターン

ဘယ်ဟာ 〜 လဲ
ベーハー 〜 レー

空港に行くバスはどれですか。——
３番乗り場のバスです。

လေဆိပ် ကို သွားတဲ့ ဘတ်စ်ကား ဟာ ဘယ်ဟာလဲ။ ——
ဂိတ် နံပါတ် ၃ က ဘတ်စ်ကား ပါ။

レーゼイッ コゥ トゥワーデ バッサカー ハー ベーハーレー ——
ゲイッナンバットゥン ガ バッサカー バー

どれが新型のスマートフォンですか。——
こちらです。先月出ました。

ဘယ်ဟာ က ပုံစံသစ် စမတ်ဖုန်း လဲ။ ——
ဒီဟာပါ။ ပြီးခဲ့တဲ့လ မှာ စရောင်းတာပါ။

ベーハー ガ ポゥンザンティッ サマッポゥン レー ——
ディーハーバー｜ピィーゲーデラ ッマー サヤウンダーバー

> **ポイント**
>
> 「どれ〜」のように複数のものから何かを選ぶときに使うミャンマー語は ဘယ်ဟာ（ベーハー）です。ဘယ် は「どこ」または「どちらの」という意味で、ဟာ は漠然と「もの」を表しますので、直訳は「どちらのもの」となります。そこから「どれ」という意味に転じます。疑問詞を使った疑問文なので、文末には လဲ を置きます。

လေဆိပ်（レーゼイッ）：空港／ဘတ်စ်ကား（バッサカー）：バス（〜 ကို သွားတဲ့（〜コゥトゥワーデ）は「〜に行く」の意）／ဂိတ်（ゲイッ）：乗り場／နံပါတ် ၃（ナンバット トゥン）：3番／က（ガ）：〜にある、〜の

က（ガ）：〜が／ပုံစံသစ်（ポゥンザンティッ）：新型（の）／စမတ်ဖုန်း（サマッポゥン）：スマートフォン／ဒီဟာပါ（ディーハーバー）：これです／ပြီးခဲ့တဲ့လ（ピィーゲーデラ）：先月／မှာ（ゥマー）：〜に／စရောင်း（サヤウン）：発売する（စ が「始める」、ရောင်း が「売る」の意）／တာပါ（ダーバー）：〜なのです

II-35 何時~しますか
CD-56

基本パターン

ဘယ်နှစ်နာရီ ~ လဲ
ベッナナーイー ~ レー

今、何時ですか。—— 午後3時40分です。
အခု ဘယ်နှစ်နာရီ ထိုးပြီလဲ။ —— ညနေ ၃ နာရီ မိနစ် ၄၀ ပါ။
アクー ベッナナーイー トゥービーレー ——
ニャネー トゥンナーイーミニッ レーゼー バー

何時に朝食を食べますか。—— 7時半です。
ဘယ်နှစ်နာရီ မှာ နံနက်စာ စားမလဲ။ —— ၇ နာရီခွဲ မှာပါ။
ベッナナーイー ヮマー ナンネッサー サーマレー ——
クゥナ ナーイーグェ ヮマーバー

何時にホテルを出ますか。——
9時15分に出ましょう。
ဟိုတယ်ကနေ ဘယ်နှစ်နာရီ ထွက်မလဲ။ ——
၉ နာရီ ၁၅ မိနစ် မှာ ထွက်ကြရအောင်။
ホゥテー ガネー ベッナナーイー トゥエッマレー ——
コゥナーイー センガーミニッ ヮマー トゥエッチャーヤーアウン

> **ポイント**
>
> 　時刻を尋ねる際に使うミャンマー語は ဘယ်နှစ်နာရီ (ベッナナーイー) です。နာရီ は「～時」または「時計」という意味です。そのあとに助辞 မှာ (ｯマー) がくると「何時に」という意味になります。疑問詞を使った疑問文なので、文末には လဲ を置きます。

Part II 機能表現編

အခု (アクー)：今／ထိုး (トゥー)：(～時に) なる (ပြီ は完了を表す)／ညနေ (ニャネー)：午後／နာရီ (ナーイー)：～時 (→ I-4、pp. 23-24)／မိနစ် (ミニッ)：～分 (→ I-4、pp. 23-24)

နံနက်စာ (ナンネッサー)：朝食／ခွဲ (グェ)：30 分、半／မှာပါ (ｯマーバー)：～する予定です (未来を表す)

ဟိုတယ် (ホゥテー)：ホテル (→ II-21)／ကနေ (ガネー)：～から／ထွက် (トゥエッ)：出る、出発する／၉ နာရီ ၁၅ မိနစ် မှာ (コゥナーイー センガーミニッ ｯマー)：9 時 15 分に (မိနစ် မှာ は省いてもよい)／ကြရအောင် (チャーヤーアウン)：～しましょう (→ II-23)

101

II-36 いつ～ですか
(CD-57)

基本パターン

〈未来〉ဘယ်တော့～လဲ ／〈過去〉ဘယ်တုန်းက～လဲ
ベード～レー／ベードゥンガ～レー

いつマンダレーに行きますか。——
明後日、飛行機で行きます。

ဘယ်တော့ မန္တလေး သွားမှာလဲ။ ——
သဘက်ခါ လေယာဉ် နဲ့ သွားမယ်။

ベード マンダレー トゥワーɴマーレー ——
ダベッカー レーイン ネ トゥワーメー

いつお返事をいただけますか。——
そうですね。1週間後にお返事します。

ဘယ်တော့ အဖြေ ရနိုင်မလဲ။ ——
အင်း၊ နောက် တစ်ပတ် လောက် မှာ ဖြေမယ်။

ベード アピィエ ヤーナインマレー ——
イーン ナウッ タパッラウッ ɴマー ピィエメー

いつバゴーに着きましたか。—— 昨日着きました。

ဘယ်တုန်းက ပဲခူး ရောက်သလဲ။ —— မနေ့ကရောက်ပါတယ်။

ベードゥンガ バゴー ヤウッタレー ——
マネーガ ヤウッパーデー

ポイント

「いつ」と日にちなどを尋ねる際に使うミャンマー語は未来を表す場合と過去を表す場合で変わります。未来の「いつ」かを尋ねる場合は သယ်တော့ (ベード) で、過去の「いつ」かを尋ねる場合は သယ်တုန်းက (ベードゥンガ) を使います。疑問詞を使った疑問文なので、文末には လဲ を置きます。

မန္တလေး (マンダレー)：**マンダレー**（ミャンマー第2の都市）／ သွား (トゥワー)：**行く**／ သဘက်ခါ (ダベッカー)：**あさって、明後日**／ လေယာဉ် (レーイン)：**飛行機**／ နဲ့ (ネ)：**〜で**（手段、方法を表す）

အဖြေ (アピィエー)：**返事**／ ရ (ヤー)：**獲得する、手に入れる**（ရနိုင်မလဲ で「手に入れることができますか」→「いただけますか」）／ အင်း (イーン)：**うーん、そうだなぁ**／ နောက် (ナウッ)：**〜後**／ တစ်ပတ် (タパッ)：**1 週間**／ လောက် (ラウッ)：**〜くらい**／ ဖြေ (ピィエー)：**答える**

ပဲခူး (バゴー)：**バゴー**（モン民族の王朝があった古都。英語では文字通りに読んで Pegu と呼ばれた）／ ရောက် (ヤウッ)：**到着する**／ မနေ့က (マネーガ)：**昨日**／ ရောက်ပါတယ် (ヤウッパーデー)：**着きました**（ပါ は丁寧さを表す）

103

II-37 〜にどれくらい時間がかかりますか CD-58

基本パターン

〜 ဖို့ ဘယ်လောက် ကြာမလဲ
〜ポゥ ベラウッ チャーマレー

ヤンゴンからバゴーに行くのにどれくらい時間がかかりますか。── バスで2時間くらいかかります。

ရန်ကုန် ကနေ ပဲခူး သွားဖို့ ဘယ်လောက် ကြာမလဲ။ ──
ဘတ်စ်ကားနဲ့ ၂ နာရီလောက်ကြာပါတယ်။

ヤンゴン ガネ バゴー トゥワーポゥ ベラウッ チャーマレー ──
バッサカーネッナッナーイーラウッ チャーバーデー

この仕事を終えるのにどれくらい時間がかかりますか。
── 3時間くらいかかります。

ဒီအလုပ် ကို ပြီးအောင်လုပ်ဖို့ ဘယ်လောက် ကြာမလဲ။ ──
၃ နာရီလောက် ကြာပါတယ်။

ディーアロウッ ゴゥ ピーアウンロゥッポゥ ベラウッ
チャーマレー ── トゥンナーイーラウッ チャーバーデー

【補足】基本パターンの ဖို့ (ポゥ) は第1例文では有声化して「ボゥ」となっている。

104

> **ポイント**
>
> 「～にどれくらい時間がかかりますか」と所要時間を尋ねるときは、～ ဖို့ ဘယ်လောက် ကြာမလဲ（～ポゥ ベラウッ チャーマレー）を使います。ဖို့（ポゥ）が「～するために」、ဘယ်လောက် が「どれくらい」（→ II-33）、ကြာ が「（時間が）かかる」という意味で、မ（マ）は未来を表します。疑問詞を使った疑問文なので、文末に လဲ（レー）を置きます。

ရန်ကုန်（ヤンゴン）：**ヤンゴン**／ကနေ（ガネ）：**～から**／ပဲခူး（バゴー）：**バゴー**（モン民族の王朝があった古都。英語では文字通りに読んで Pegu と呼ばれた）／သွား（トゥワー）：**行く**／ဘတ်စ်ကား（バッサカー）：**バス**／နဲ့（ネ）：**～で**（手段、方法を表す）／၂ နာရီ（ﾅﾅｯﾅｰｲｰ）：**2 時間**／လောက်（ラウッ）：**～くらい**

အလုပ်（アロゥッ）：**仕事**／ကို（ゴゥ）：**～を**／ပြီးအောင်လုပ်（ピーアウンロゥッ）：**終わらせる、終える**（ပြီး が「終わる」、အောင် が「～するように」、လုပ် が「する」の意、「終わるようにする」→「終わらせる、終える」）／၃ နာရီ（トゥンナーイー）：**3 時間**

II-38 〜してどれくらい経ちましたか (CD-59)

基本パターン

〜 တာ ဘယ်လောက် ကြာပြီလဲ
〜ダー ベラウッ チャービーレー

ミャンマーに滞在してどれくらい経ちましたか。——
1カ月くらいになります。

မြန်မာပြည် မှာ နေနေတာ ဘယ်လောက် ကြာပြီလဲ။ ——
တစ်လလောက် ရှိသွားပါပြီ။

ミャンマーピィー ၊マー ネーネーダー
ベラウッ チャービーレー ——
タララウッ シートゥワーバービー

注文してどれくらい経ちましたか。——
30分は経っています。遅いですね。

မှာပြီတာ ဘယ်လောက် ကြာပြီလဲ။ ——
နာရီဝက်လောက် ရှိသွားပါပြီ။
ကြာတယ်နော်

၊マーピィーダー ベラウッ チャービーレー ——
ナーイーウェッラウッ シートゥワーバービー |
チャーデーノー

106

> **ポイント**
>
> 「~してどれくらい経ちましたか」と時間の経過について尋ねるときは、~ တာ ဘယ်လောက် ကြာပြီလဲ(~ダーベラウッ チャービーレー)を使います。တာ(ダー)が動詞を名詞化する役割をはたし、လောက်(ベラウッ)が「どれくらい」、ကြာ(チャー)は「(時間が)経過する」を意味します。ပြီ(ビー)は完了を表します。疑問詞を使った疑問文なので、文末は လဲ を置きます。

မြန်မာပြည် (ミャンマーピィー):ミャンマー (ပြည် は「国」の意) / မှာ (ｯマー):~に / နေနေ (ネーネー):住んでいる (最初の နေ は「住む」、2つ目は「~している」の意) / တစ်လ (タラ):1ヶ月 / လောက် (ラウッ):~くらい / ရှိသွားပါပြီ (シートゥワーバービー):経ちました (ရှိ はここでは「経過する」の意)

မှာ (ｯマー):注文する (မှာပြီ で「注文してしまう」の意) / နာရီဝက် (ナーイーウェッ):1時間の半分、30分 / ကြာတယ်နော် (チャーデーノー):時間がかかっていますね →遅いですね

II-39 〜にどれくらいお金がかかりますか CD-60

基本パターン

〜 ရင် ဘယ်လောက် ကုန်ကျမလဲ
〜イン ベラウッ コゥンチャマレー

オーダーメイドでタイポンエンジーを作るのに
どれくらいお金がかかりますか。──
50000チャットほどかかります。

တိုက်ပုံအကျႌ ကို အော်ဒါ နဲ့ ချုပ်ခိုင်း ရင်
ဘယ်လောက်ကုန်ကျမလဲ။ ──
ကျပ် ၅ သောင်းလောက် ကျပါတယ်။

タイポゥンインジー ゴゥ オーダー ネ チョウッカインイン
ベラウッコゥン チャマレー ──
チャッ ンガータウンラウッ チャーバーデー

タクシーを一日チャーターするのに
どれくらいお金がかかりますか。──
70ドルくらいかかります。

တစ်နေ့လုံး တက္ကစီ ငှါးမယ်ဆို ရင်
ဘယ်လောက် ကုန်ကျမလဲ။ ──
ဒေါ်လာ ၇၀ လောက်ကျမှာပါ။

タネロゥン テッスィー ｯガーメーソゥイン ベラウッコゥンチャ
マレー ── ドーラー クナセーラウッ チャｯマーバー

> **ポイント**
>
> 「～にどれくらいお金がかかりますか」と費用について尋ねるときは～ ရင် ဘယ်လောက် ကုန်ကျမလဲ（～インベラウッ コゥンチャマレー）を使います。ရင် は「～するなら」、ဘယ်လောက် は「どれくらい」、ကုန်ကျ は「(お金が) かかる」を意味します。ကုန်ကျ は文脈からお金のことだと分かる場合は ကျ だけでも構いません。最後に疑問文を表す လဲ を置きます。

တိုက်ပုံအကျီ（タイッポゥンインジー）：タイポンエンジー（ミャンマー人男性が着る上着）／ အော်ဒါ နဲ့（オーダー ネ）：オーダーメイドで（နဲ့ は手段、方法を表す）／ ချုပ်ခိုင်း（チョウッカイン）：縫わせる、仕立てさせる（ခိုင်း が使役を表す）／ ကျပ် ၅ သောင်း（チャッンガー タウン）：5万チャット／ လောက်（ラウッ）：～くらい

တစ်နေ့လုံး（タネロゥン）：まるまる一日／ တက္ကစီ（テッカスィー）：タクシー（実際の発音は「テッスィー」に近い）／ ငှါး（ヮガー）：借りる／ ဒေါ်လာ ၇၀ လောက်（ドーラー クナセー ラウッ）：70ドルくらい／ ကျမှာပါ（チャッマーバー）：かかるでしょう（မှာပါ は未来を表す）

II-40 どんな（種類の）〜
(CD-61)

基本パターン

ဘယ်လို 〜 (မျိုး)
ベーロゥ〜（ミョウ）

今日はどんな料理を食べたいですか。——
シャン料理を食べてみたいです。
ဒီနေ့ ဘယ်လို ဟင်းမျိုး ကို စားချင်သလဲ။ ——
ရှမ်း ဟင်း ကို စားကြည့်ချင်တယ်။
ディーネ ベーロゥ ヒンミョウ ゴゥ サーヂンダ
レー —— シャン ヒン ゴゥ サーチィヂンデー

どんな人を雇いたいですか。——
英語を話せる人が必要です。
ဘယ်လို ပုဂ္ဂိုလ် ကို အလုပ်ပေးချင်သလဲ။ ——
အင်္ဂလိပ်စကား ပြောတတ်တဲ့လူ လိုအပ်တယ်။
ベーロゥ ポゥッコゥー ゴゥ アロゥッペー ヂンダレー ——
インガレイッザガー ピョータッテールー ロゥアッテー

> **ポイント**
>
> 　「どんな〜」と尋ねるときは ဘယ်လို〜（ベーロゥ〜）を使い、「〜」に名詞が入ります。「種類」を表すミャンマー語は မျိုး（ミョウ）です。したがって「どんな種類の〜」は ဘယ်လို〜မျိုး（ベーロゥ〜ミョウ）となります。疑問詞を使った疑問文なので、文末に လဲ を置きます。

ဒီနေ့（ディーネ）：今日／ ဟင်း（ヒン）：おかず、料理／ ကို（ゴゥ）：〜を／ စား（サー）：食べる／ ချင်（ヂン）：〜したい（→ II-12）／ ရှမ်း（シャン）：シャン（ミャンマーの民族、地域の１つを指す）／ ကြည့်（チィ）：〜してみる（→ II-22）

ပုဂ္ဂိုလ်（ポゥッコウー）：人、人物／ အလုပ်ပေး（アロゥッペー）：雇う（元は「仕事を与える」）／ အင်္ဂလိပ်စကား（インガレイッザガー）：英語／ ပြောတတ်တဲ့（ピョータッテー）：話せる（後ろの名詞を修飾）／ လူ（ルー）：人／ လိုအပ်（ロゥアッ）：必要である

II-41 〜はいくら〔何歳〕ですか
(CD-62)

基本パターン

〜 ဘယ်လောက်လဲ
〜ベラウッレー

マンゴーは2個でいくらですか。――
10チャットです。

သရက်သီး ၂ လုံး ကို ဘယ်လောက်လဲ။ ―― ၁၀ ကျပ် ပါ။

タイェッティー ｯナロゥン ゴゥ ベラウッレー ――
セー チャッ パー

このホテルは一泊いくらですか。――
5万チャットです。

ဒီဟိုတယ် ဟာ တစ်ည ဘယ်လောက်လဲ။ ――
ကျပ် ၅ သောင်း ပါ။

ディーホゥテー ハー タニャ ベラウッレー ――
チャッ ンガータウン バー

娘さんはいくつですか。―― 3歳になります。

သမီးဟာ အသက် ဘယ်လောက်လဲ။ ―― ၃ နှစ် ရှိပါပြီ။

タミーハー アテッ ベラウッレー ――
トゥン ｯニッ シーバービィー

> ポイント

　値段や年齢を尋ねるときは ～ ဘယ်လောက်လဲ (～ベラウッレー) を使います。たとえば、ဒါ ဘယ်လောက်လဲ။ (ダー ベラウッレー) は「これはいくらですか」という意味になります。年齢の場合は ဘယ်လောက် の前に အသက် (アテッ) をつけます。疑問詞を使った疑問文なので、文末は လဲ を置きます。

သရက်သီး (タイェッティー)：マンゴー／ ၂ လုံး (フナロウン)：2個／ ကို (ゴゥ)：～を／ ၁၀ ကျပ် (セーチャッ)：10チャット

ဟိုတယ် (ホゥテー)：ホテル／ ဟာ (ハー)：～は／ တစ်ည (タニャ)：一晩／ ကျပ် ၅ သောင်း (チャッンガータウン)：5万チャット (100以上の0で終わるきりのいい数字の場合、ကျပ် は前にくる)

သမီး (タミー)：娘／ အသက် (アテッ)：歳、年齢／ နှစ် (フニッ)：年

機能表現編

Part II

II-42 どうやって〜しますか CD-63

基本パターン

ဘယ်လိုလုပ်ရင် 〜 လဲ
ベロゥロゥッイン〜レー

どうしたらログインすることができますか。——
このパスワードを入力してください。
ဘယ်လိုလုပ်ရင် လော့ဂ်အင် လုပ်နိုင်သလဲ။ ——
ဒီပက်စ်ဝါ့ဒ် ကို ရိုက်ပါ။
ベロゥロゥッイン ロッグイン ロゥッナインダレー ——
ディーパッスワー ゴゥ ヤイッパー

どうしたらウーミンタンさんに会えますか。——
この電話番号に電話してみてください。
ဘယ်လိုလုပ်ရင် ဦးမင်းသန်း နဲ့ တွေ့နိုင်မလဲ။ ——
ဒီဖုန်းနံပါတ် ကို ဆက်ကြည့်ပါ။
ベロゥロゥッイン ウーミンタン ネ トゥエナインマレー
—— ディー ポゥンナンバッ コゥ セッチィバー

114

> ポイント
>
> ဘယ်လိုလုပ်ရင် (ベロゥロゥッイン) は直訳すると「どのように (ဘယ်လို) すれ (လုပ်) ば (ရင်)」となり、「どうやって」という日本語に相当します。疑問詞を使った疑問文なので、文末には လဲ を置きます。

လော့ဂ်အင် (ログイン):ログイン/ လုပ် (ロウッ):~する/ နိုင် (ナイン):~することができる (→ II-27) / ပတ်စ်ဝါ့ဒ် (パッスワー):パスワード/ ရှိုက် (ヤイッ):(キーを) 打つ

ဦးမင်းသန်း (ウーミンタン):男性の名前/ နဲ့ (ネ):~と/ တွေ့ (トゥエ):会う/ ဖုန်းနံပါတ် (ポゥンナンバッ):電話番号/ ကို (コゥ):~に/ ဆက် (セッ):連絡する/ ကြည့် (チィ):~してみる (→ II-22)

Part II 機能表現編

II-43 なぜ〜なのですか
CD-64

基本パターン

ဘာဖြစ်လို့ ～ လဲ
バーピィッロゥ〜レー

なぜミャンマーへ来たのですか。── 観光で来ました。
ဘာဖြစ်လို့ မြန်မာပြည် ကို လာသလဲ။ ── အလည်ခရီး ပါ။
バーピィッロゥ ミャンマーピィー ゴゥ ラーダレー ──
アレーカイー バー

なぜ遅れてきたのですか。──
急用ができたんです。申し訳ありません。
ဘာဖြစ်လို့ နောက်ကျသလဲ။ ──
အရေးပေါ် ကိစ္စ ရှိလို့ပါ။ တောင်းပန်ပါတယ်။
バーピィッロゥ ナウッチャダレー ──
アイエーポー ケイッサ シーロゥバー | タウンバンバーデー

なぜ会議が中止になったのですか。──
社長が参加できないからです。
ဘာဖြစ်လို့ အစည်းအဝေး ရုပ်သိမ်းတာလဲ။ ──
ကုမ္ပဏီဥက္ကဋ္ဌ က မတက်နိုင်လို့ပါ။
バーピィッロゥ アスィーアウェー ヨウッテインダーレー ──
コゥンパニーオッカタ ガ マテッナインロゥバー

> **ポイント**
>
> 理由を尋ねる際に使うミャンマー語は ဘာဖြစ်လို့ (バーピィッロゥ) です。疑問詞を使った疑問文なので、文末に လဲ を置きます。လို့ は「〜なので」という理由を表す接続詞でもあります。理由を伝えるときは「〜だからです」という意味の လို့ပါ (ロゥバー) を最後につけることが多いです。

မြန်မာပြည် (ミャンマーピィー)：ミャンマー／ ကို (ゴゥ)：〜へ／ လာ (ラー)：来る／ အလည်ခရီး (アレーカイー)：観光旅行

နောက်ကျ (ナウッチャ)：遅れる／ အရေးပေါ် (アイエーポー)：緊急の／ ကိစ္စ (ケイッサ)：事案、用件／ ရှိ (シー)：ある、いる (→ II-11) ／ တောင်းပန်ပါတယ် (タウンバンバーデー)：申し訳ありません (→ II-7)

အစည်းအဝေး (アスィーアウェー)：会議／ ရုပ်သိမ်း (ヨゥッテイン)：中止する、キャンセルする／ ကုမ္ပဏီ (コゥンパニー)：会社／ ဥက္ကဋ္ဌ (オッカタ)：トップ (元は「議長」の意) ／ တက် (テッ)：出席する (မတက်နိုင် で「出席できない」の意→ II-27)

II-44 〜か知っていますか CD-65

基本パターン

〜 ဆိုတာသိလား
〜ソゥダーティーラー

いくらお金がかかるか知っていますか。——
知りません。きいてみます。

ငွေ ဘယ်လောက် ကုန်မယ် ဆိုတာသိလား။——
မသိဘူး။ မေးကြည့်မယ်။

ングエ ベラウッコゥンメー ソゥダーティーラー ——
マティーブー｜メーチィメー

どこに市場があるか知っていますか。——
はい、あそこを右に曲がってください。

ဘယ်မှာ ဈေးရှိတယ် ဆိုတာသိလား။——
သိပါတယ်၊ ဟိုကနေ ညာဘက် ကို ကွေ့ပါ။

ベーッマー ゼーシーデー ソゥダーティーラー ——
ティーバーデー ホゥガネー ニャーベッ ゴゥ クゥエバー

118

> **ポイント**
>
> 「知っている」はミャンマー語では သိ (ティ) ですが、これを Yes/No 疑問文にし、前に「~ということを」を表す ဆိုတာ (ソゥダー) をつけてみましょう。~ ဆိုတာသိလား (~ソゥダーティーラー) で「~か知っていますか」という意味になります。「~」には文が来ます。

ငွေ (ングエ):お金、費用／ ဘယ်လောက် (ベラウッ):いくら (→ II-33) ／ ကုန် (コウン):(費用が) かかる／ မသိဘူး (マティーブー):知りません (မ ~ ဘူး で否定を表す)／ မေး (メー):尋ねる、きく／ ကြည့် (チィ):~してみる (→ II-22)

ဘယ်မှာ (ベーフマー):どこに、どこで (→ II-32) ／ ဈေး (ゼー):市場／ ရှိတယ် (シーデー):ある、いる (→ II-11) ／ သိပါတယ် (ティーバーデー):知っています／ ဟိုကနေ (ホゥガネー):あそこから／ ညာဘက် (ニャーベッ):右側／ ကို (ゴゥ):~へ／ ကွေ့ (クゥエ):曲がる (ကွေ့ပါ で「曲がってください」の意→ II-16)

コラム　ミャンマー人の名前について

　意外に思うかもしれませんが、一般にミャンマー人には姓（苗字）がありません。長さは1音節から5音節ぐらいまでありますが、それはすべて姓名の名にあたります。

　かつては国連事務総長をつとめた ဦးသန့် (U Thant) のように1音節の名前も多くありました（ဦး は敬称）。ちなみに သန့် （タン）は「清い、清潔な」の意味です。時代が下るにつれ3音節、4音節の名前が増えてきて、現代では5音節の名前も見かけます。例えばアウンサンスーチー အောင်ဆန်းစုကြည် は4音節の名前です。ミャンマー語ではひとつづきで表記しますが、အောင် （アウン）「勝つ」、ဆန်း （サン）「希少な」、စု （スー）「集まる」、ကြည် （チー）「澄んだ」とそれぞれ意味があるところから英語では Aung San Su Kyi と分かち書きにします。

　上記の単語はいずれも名前によく使われます。また、ミャンマー人は子どもの生まれた曜日によって名前に使う音を決めるのが普通です。例えば月曜日生まれの子どもには က や ခ などカ行の音で始まる単語を使って命名します。たとえば ကျော်ကျော် （チョーチョー）さんや ချိုချို （チョウチョウ）さんは月曜日生まれだと推測できます。ちなみに ကျော် は「超える、克服する」の意味で男性の名前に、ချို は「甘い」の意味で女性の名前に使われることが多い単語です。ちなみに、ミャンマーでは水曜日を午前、午後に分けた伝統暦がありますが、命名の際は1つの曜日として扱います。

Part III
場面表現編

インレー湖での漁の様子：片足を使って櫓を漕ぐ独特の方法で漁をすることで有名

III-1 レストランで
(CD-66)

> ミャンマーにはミャンマー料理がありますが、実際は少数民族で独自の料理もあり、とりわけシャンの料理は油の多いミャンマー料理の中ではあっさりしていて日本人の口にも合いやすいと言われています。ここではレストランで使える表現を紹介します。

メニューをください。

မီနူး ပေးပါ။（ミーヌーペーバー）

မီနူး（ミーヌー）：メニュー／ ပေး（ペー）：与える、くれる／ ပါ（バー）：〜してください（→ II-16）

これを食べたいです。

ဒါ ကို စားချင်တယ်။（ダー ゴゥ サーヂンデー）

ဒါ（ダー）：これ／ ကို（ゴゥ）：〜を／ စား（サー）：食べる／ ချင်（ヂン）：〜したい（→ II-12）

(人数を聞かれて) 4名です。

၄ ယောက်ပါ။（レー ヤウッパー）

ယောက်（ヤウッ）：〜人（1人、2人…と数える時につかう助数詞）

おいしいです。
① စားလို့ကောင်းပါတယ်။ (サーロゥカウンバーデー)
② အရသာရှိပါတယ်။ (アヤーダーシーバーデー)
① စားလို့ကောင်း (サーロゥカウン)：おいしい（元は「食べて（具合が）よい」の意）／ပါတယ် (バーデー)：〜です（ပါは丁寧さを表す）
② အရသာ (アヤーダー)：味／ရှိ (シー)：ある（→ II-11）

....

お勘定をお願いします。
ရှင်းပေးပါ။ (シンペーバー)
ရှင်း (シン)：はっきりさせる、清算する／ပေးပါ (ペーバー)：〜してください（→ II-16）

....

おつりは結構です。
အကြွေ ယူလိုက်ပါ။ (アチュエ ユーライッパー)
အကြွေ (アチュエ)：小銭／ယူ (ユー)：取る、持っていく／လိုက်ပါ (ライッパー)：〜してくださいよ（念押しのニュアンスを持つ命令）

※「おつりはとっておいてくださいよ」→「おつりは結構です」ということ。

ダンパウ：骨付きの鶏肉をのせた炊き込みごはん

Part III 場面表現編

123

III-2 タクシーで

CD-67

ミャンマーの公共交通機関はまだ発展途上の段階で、街中の移動にはタクシーを使うことが多いです。乗用車だけでなく、場所によってはバイクタクシーやサイカー（側車付き自転車）なども使われます。ここではタクシーの運転手とやりとりをするときに使える表現を紹介いたします。

空いていますか。

အားနေလား။（アーネーラー）

အား（アー）：空く、暇な／ နေ（ネー）：〜している（状態を表す）／ လား（ラー）：Yes/No 疑問文の文末に付く助辞

空港に行きたいです。

လေဆိပ် ကို သွားချင်တယ်။（レーゼイッ ゴゥ トゥワーヂンデー）

လေဆိပ်（レーゼイッ）：空港／ ကို（ゴゥ）：〜に／ သွား（トゥワー）：行く／ ချင်（ヂン）：〜したい（→ II-12）

※ လေဆိပ် を別の語にすると応用が利く。

遠いですか。／近いですか。

ဝေးလား။（ウェーラー）／ နီးလား။（ニーラー）

ဝေး（ウェー）：遠い／ နီး（ニー）：近い

まっすぐ行ってください。
တည့်တည့် သွားပါ။ (テェデェ トゥワーバー)
တည့်တည့် (テェデェ)：まっすぐ（に）／ပါ (バー)：～してください (→II-16)

左に［右に］曲がってください
ဘယ် ［ညာ］ ဘက် ကို ကွေ့ပါ။
(ベー ［ニャー］ ベッ ゴゥ クゥエバー)
ဘယ် ［ညာ］ ဘက် (ベー ［ニャー］ ベッ)：左［右］側／ကွေ့ (クゥエ)：曲がる

ここで止めてください。
ဒီမှာ ရပ်ပါ။ (ディッマー ヤッパー)
ဒီမှာ (ディッマー)：ここで／ရပ် (ヤッ)：止まる

一日チャーターしたいです。
တစ်နေ့လုံး ငှားချင်တယ်။ (タネーロゥン ﾌﾝガーヂンデー)
တစ်နေ့လုံး (タネーロゥン)：一日中／ငှား (ﾌﾝガー)：借りる、（タクシーなどを）借り上げる

Part III

場面表現編

III-3 ホテルで

CD-68

ミャンマーは日本に比べると一年中暑いので、ホテルもグレードによっては、エアコンがなかったり、シャワーが水しか出なかったりするところもあります。ここではホテルで使える表現を紹介します。

予約をしています。／予約をしていません。

ဘွတ်ကင် လုပ်ထားပါတယ်။（ブッキン ロウッ ターバーデー）／

ဘွတ်ကင် မလုပ်ထားဘူး။（ブッキン マロウッ ターブー）

ဘွတ်ကင်（ブッキン）：予約／လုပ်（ロウッ）：する／ထား（ター）：〜しておく（元は「置く」の意）／မလုပ်ထားဘူး（マロウッ ターブー）：〜してありません

....

部屋をかえてください。

အခန်း လဲပေးပါ။（アカン レーペーバー）

အခန်း（アカン）：部屋／လဲ（レー）：換える、交換する／ပေးပါ（ペーバー）：〜してください（→ II-16）

....

エアコン付きの部屋を希望します。

အဲကွန်း တပ်ထားတဲ့ အခန်း ကို လိုချင်တယ်။
（エークン タッターデ アカン ゴゥ ロゥヂンデー）

အဲကွန်း（エークン）：エアコン／တပ်（タッ）：装備する

126

(တပ်ထားတဲ့ で後ろの名詞を修飾して「装備してある」の意)／လိုချင်ထယ် (ロゥヂンデー)：望む、欲する

お湯が出ません。
ရေနွေး ထွက် မလာဘူး။ (イエヌェー トゥエッ マラーブー)
ရေနွေး (イエヌェー)：お湯（ရေ が「水」、နွေး が「あたたかい」の意）／ထွက် (ᅩトゥエッ)：出る／မ ～ ဘူး (マ～ブー)：～しない／လာ. (ラー)：来る
※ ထွက် မလာဘူး で「出てこない」の意。

チェックイン［チェックアウト］します。
ချက်အင် [ချက်အောက်] လုပ်မယ်။
(チェックイン［チェックアウッ］ロウッメー)
ချက်အင် (チェックイン)：チェックイン／ချက်အောက် (チェックアウッ)：チェックアウト／မယ် (メー)：未来を表す助辞（「これから~する」という意味合い）

インターネットは使えますか。
အင်တာနက် သုံးနိုင်လား။ (インターネッ トゥンナインラー)
အင်တာနက် (インターネッ)：インターネット／သုံး (トゥン)：使う／နိုင် (ナイン)：~することができる（→ II-27）／လား (ラー)：Yes/No 疑問文の文末に付く助辞

Part Ⅲ

場面表現編

III-4 ショッピングで
(CD-69)

旅先ではショッピングも楽しみの一つですね。ミャンマーでは値段交渉に応じてくれるお店もありますので、やってみてもいいかもしれません。ここではショッピングで使えそうな表現を紹介します。

あれをください。
ဟိုဟာ ကို ပေးပါ။ (ホゥハー ゴゥ ペーバー)
ဟိုဟာ (ホゥハー): あれ／ ကို (ゴゥ): 〜を／ ပေး (ペー): 与える、くれる／ ပါ (バー): 〜してください

あのロンジーを見せてください。
ဟို လုံချည် ကို ပြပေးပါ။ (ホゥ ロゥンヂー ゴゥ ピャペーバー)
ဟို (ホゥ): あの／ လုံချည် (ロゥンヂー): ロンジー／ ပြ (ピャ): 見せる／ ပေးပါ (ペーバー): 〜してください (→ II-16)

高いですね。／安いですね。
ဈေးကြီးတယ်နော်။ (ゼーチーデーノー) ／
ဈေးပေါတယ်နော်။ (ゼーポーデーノー)
ဈေးကြီး (ゼーチー): (値段が) 高い／ နော် (ノー): 〜ですね／ ဈေးပေါ (ゼーポー): (値段が) 安い

気に入りました。／気に入りません。

သဘောကျတယ်။（ダボーチャデー）／

သဘောမကျဘူး။（ダボーマチャブー）

သဘောကျ（ダボーチャ）：気に入る／ မ ～ ဘူး（マ～ブー）：～しない、～ではない

※ ကြိုက်တယ်။（チャイテー）／ မကြိုက်ဘူး။（マチャイプー）を使ってもよい。（→ II-9）

....

ちょっとまけてくれませんか。

နည်းနည်း လျှော့ပေးမလား။（ネーネー ショーペーマラー）

နည်းနည်း（ネーネー）：少し／ လျှော့（ショー）：減らす、値段を下げる／ ပေးမလား（ペーマラー）：～してくれませんか（→ II-15）

....

少し大きすぎます。／少し小さすぎます。

နည်းနည်း ကြီးလွန်းတယ်။（ネーネー チールンデー）／

နည်းနည်း သေးလွန်းတယ်။（ネーネー テールンデー）

ကြီး（チー）：大きい／ လွန်း（ルン）：～すぎる／ သေး（テー）：小さい

....

別の色はありますか。

တခြား အရောင် ရော ရှိလား။（タチャー アヤウン ヨー シーラー）

တခြား（タチャー）：別の、他の／ အရောင်（アヤウン）：色／ ရော（ヨー）：～は、～については／ ရှိလား（シーラー）：～はありますか（→ II-11）

Part III 場面表現編

129

付録　和緬小辞典

※動詞や形容詞の後に သည် はつけていない。

【あ行】

愛	အချစ်	アチッ
あいさつ	နှုတ်ဆက်စကား	フノウッセッザガー
アイスコーヒー	ကော်ဖီအအေး	コーフィーアエー
愛する	ချစ်	チッ
アイデア	အကြံဉာဏ်	アチャンニャン
空いている	လစ်လပ် / အား	リィッラッ／アー
アイロン	မီးပူ	ミーブー
赤	အနီ	アニー
赤ちゃん	နို့စို့ကလေး	ノウゾウカレー
明るい	ထွန်းလင်း	トゥンリン
あきらめる	လက်လျှော့	レッショー
飽きる	ငြီးငွေ့	ニーングェ
開ける	ဖွင့်	プィン
揚げる	ကြော်	チョー
上げる（上に）	မြှောက်	フミャウッ
あげる（人に）	ပေး	ペー
憧れる	မျှော်မှန်းတမ်းတ	フミョーフマンタンダー
朝	မနက် ／ နံနက်	マネッ／ナンネッ
明後日	သဘက်ခါ	ダベッカー
足	ခြေထောက်	チーダウッ
明日	မနက်ဖန်	マネッパン
味見する	(အရသာ) မြည်းကြည့်	(アヤダー) ミーチィ
預ける	အပ်နှံ	アッナン
汗	ချွေး	チュエー
暖かい	နွေး	ヌエー
頭	ခေါင်း	ガウン
暑い	ပူအိုက်	プー アイッ
熱い	ပူ	プー
集まる	စုဝေး	スーウェー
穴	အပေါက်	アパウッ
姉	အစ်မ	アマ
アパート	တိုက်ခန်း	タイッカン
危ない	အန္တရာယ်ရှိ	アンダイェー シー
油	ဆီ	スィー
飴	သကြားလုံး	ダジャーロウン
雨	မိုး	モウ
怪しい	သင်္ကာမကင်း ဖြစ်	ティンガー マキンピッ
謝る	တောင်းပန်	タウンバン
洗う（手などを）	ဆေး	セー
ある（存在する）	ရှိ	シー
アルバイト	အချိန်ပိုင်း အလုပ်	アチェインバイン アロウッ
安心する	စိတ်ချ	セイッチャ
案内する	လမ်းပြ	ランピャ
言う	ပြော	ピョー
家	အိမ်	エイン
生きる	အသက်ရှင်	アテッシン
池	ကန်	カン
意見	သဘော	ダボー
医師	ဆရာဝန်	サヤーウン
維持する	ထိန်းသိမ်း	テインテイン
いす	ထိုင်ခုံ ／ ကုလားထိုင်	タインゴウン／カラーダイン
イスラム教	အစ္စလမ်ဘာသာ	

	ဣဿရာ ဘုရား	イッスラン バーダー
遺跡	ရေးဟောင်းသမိုင်းဝင်နေရာ	シェーハウン タマインウィン ネーヤー
急ぐ	သုတ်ခြေတင်	トゥッチーティン
炒める	ကြော်	チョー
いちご	စတော်ဘယ်ရီသီး	ストーベリーディー
1年間	တစ်နှစ်ကြာ	タフニッチャー
市場	ဈေး	ゼー
1ヵ月間	တစ်လကြာ	タラーチャ
一緒に	အတူတူ	アトゥードゥー
いっぱい	များများ	ミャーミャー
糸	ချည်	チー
命	အသက်	アテッ
祈る	ဆုတောင်း	スゥタウン
いばる	ကြွားဝါ	チュワーワー
今	အခု	アクゥ
意味	အဓိပ္ပါယ်	アディッペー
妹	ညီမ	ニーマ
イライラする	မခံရပ်ဖြစ်	マカンマヤッピッ
色	အရောင်	アヤウン
いろいろ	အမျိုးမျိုး	アミョウミョウ
祝う	ဂုဏ်ပြု	ゴウンピュー
インターネット	အင်တာနက်	インタネッ
インド	အိန္ဒိယ	エインディア
インフレ	ငွေဖောင်းပွမှု	ンゲーバウンポゥフムウ
飲料水	သောက်ရေ	タウッイエー
受付	ဧည့်ခံကောင်တာ	エーカンカウンター
受け取る	လက်ခံ	レッカン
うさぎ	ယုန်	ヨウン
失う	ပျောက်	ピャウッ
薄い(味)	ပေါ့	ポォ
薄い(厚さ)	ပါး	パー
薄い(色)	ဖျော့	ピョー
うそ	အညာ	アニャー
歌	သီချင်း	ダチン
歌う	သီချင်းဆို	ダチンソー
疑う	သံသယဖြစ်	タンダヤァピッ
打つ	ရိုက်	ヤイッ
移す	ရွှေ့	シュエ
腕	လက်တံ	レッタン
腕時計	လက်ပတ်နာရီ	レッパッ ナーイー
馬	မြင်း	ミン
上手い	တော်	トー
産まれる/産む	မွေး/မွေးဖွား	ムエー/ムエーポゥ
占い師	ဗေဒင်ဆရာ	ベーディンサヤー
恨む	အာဃာတထား	アーガータター
うらやましい	အားကျ	アーチャー
うるさい	ဆူညံ	スーニャン
うれしい	ဝမ်းသာ	ウンター
上着	အပေါ်အင်္ကျီ	アポーインジー
運	ကံ	カン
運転する	ကားမောင်း	カーマウン
運動する	ကစား	ガザー
エアコン	အဲယားကွန်း	エーヤークン
映画館	ရုပ်ရှင်ရုံ	ヨウッシンヨウン
英語	အင်္ဂလိပ်စကား	インガレイッザガー
栄養	အာဟာရ	アーハーラァ
駅	ဘူတာရုံ	ブーダーヨウン
選ぶ	ရွေး	ユエー
得る	ရ	ヤー
エンジニア	အင်ဂျင်နီယာ	インジンニーヤー
援助する	ထောက်ပံ့	タウッパン
演奏する	တီးမှုတ်	ティーフモウッ

付録

和緬小辞典 あ行

131

鉛筆	ခဲတံ	ケーダン
遠慮する	အားနာ	アーナー
おいしい	စားလို့ကောင်း	サーロゥカウン
追う	လိုက်	ライッ
王様	ဘုရင်	バイン
往復	အသွားအပြန်	アトゥワー アピャン
多い	များ	ミャー
大きい	ကြီး	チー
オートバイ	မော်တော်ဆိုင်ကယ်	モートーサインケー
おかず	ဟင်း	ヒン
おかわり	လိုက်ပွဲ	ライペェー
送る	ပို့	ポゥ
贈る	ပေး	ペー
起こす（起立）	ထောင်	タウン
起こす（睡眠）	နှိုး	フノー
おこなう	လုပ်	ロウッ
お札	ငွေစက္ကူ	ングェセックー
伯父	ဘကြီး	バーヂー
叔父	ဦးလေး	ウーレー
教える	သင်ပေး	ティンペー
押す	ထွန်း	トゥン
お茶	ရေနွေးကြမ်း	イェヌェーヂャン
落ちる	ကျ	チャ
音	အသံ	アタン
弟	ညီ／မောင်	ニー（男の人から）／マウン（女の人から）
男	ယောက်ျား	ヤウッチャー
男の子	ကောင်လေး	カウンレー
落とし物	ကျပျောက်တဲ့ ပစ္စည်း	チャーピャウッテ ピッスィー
落とす	ကျ	チャー
訪れる	အလည်လာ	アレーラー
おととい	တနေ့က	タネーガー
大人	လူကြီး	ルーヂー

大人しい	အေးဆေး	エーセー
驚く	လန့်／အံ့သြ	ラン／アンオー
お腹がすく	ဗိုက်ဆာ	バイッサー
同じ	တူ	トゥー
伯母	ကြီးဒေါ်	ヂードー
叔母	ဒေါ်လေး	ドーレー
覚えている	မှတ်မိ	フマッミー
お土産	လက်ဆောင်	レッサウン
重い	လေး	レー
思う	ထင်	ティン
おもしろい（滑稽）	ရယ်စရာကောင်း	イーザヤーカウン
親（両親）	မိဘ	ミーバ
泳ぐ	ရေကူး	イェークー
織物	အထည်	アテー
折る	ချိုး	チョウ
オレンジ	လိမ္မော်သီး	レインモーディー
終わる	ပြီး	ピー
音楽	တေးဂီတ	テーギータ
温泉	ရေပူစမ်း	イェーブーザン
温度	အပူချိန်	アプーヂェイン
女	မိန်းမ	メインマ
女の子	မိန်းကလေး	メインカレー

【か行】

蚊	ခြင်	チン
カーテン	ကန့်လန့်ကား	カラカー（カンランカー）
カード	ကတ်	カッ
貝	ခရု	カユー
会議	အစည်းအဝေး	アスィーアウェー
解決する	ဖြေရှင်း	ピェーシン
外国	နိုင်ငံခြား	ナインンガンヂャー
外国人	နိုင်ငံခြားသား	ナインンガンヂャーダー
会社	ကုမ္ပဏီ	コンパニー
会社員	ကုမ္ပဏီဝန်ထမ်း	

		コウンパニーウンダン	家族	မိသားစု ミーダーズ
懐中電灯	လက်နှိပ်ဓာတ်မီး		ガソリン	ဓာတ်ဆီ ダッスィー
	レッフネイッダッミー		形	ပုံ ポウン
ガイド	လမ်းပြ ランピャ	片づける（掃除する）
ガイドブック				သန့်ရှင်း タンシン
	လမ်းပြစာအုပ်	片道（行き）
	ランピャ サーオウッ			အသွား アトゥワー
買い物	ဈေးဝယ်ခြင်း ゼーウェーヂン	片道切符	အသွားလက်မှတ်
改良する	ပြုပြင် ピュウビン			アトゥワーレッフマッ
会話	စကားပြော ザガーピョー	カタログ	ကက်တလောက် ケッタラウッ
買う	ဝယ် ウェー	価値がある
返す	ပြန်ပေး ピャンペー			တန်ဘိုးရှိ タンボウーシー
顔	မျက်နှာ ミエッフナー	勝つ	အောင်ပွဲရ アウンブエーヤー
香り	အမွှေးအနံ့ アフフムエアナン	楽器	တူရိယာ ドゥリーヤー
科学	သိပ္ပံ ティッパン	勝手な	တဖက်သတ် タペッタッ
カギ	သော့ トォ	家庭	အိမ်ထောင် エインダウン
かき混ぜる		蚊取り線香
	ရောစပ် ヨーサッ			ခြင်ဆေးခွေ チンゼーグェー
カギをかける		カトリック	ကက်သလစ် ケッタリッ
	သော့ခတ် トーカッ	必ず	ဆက်ဆက် セッセッ
書く	ရေး イエー	かなり	တော်တော် トードー
家具	အိမ်ထောင်ပရိဘောဂ	カバン	အိတ် エイッ
	エインダウンパリーボーガ	壁	နံရံ ナンヤン
隠す	ဝှက် フェッ	我慢する	သည်းခံ ティーカン
確認する	အတည်ပြု アティーピュー	髪	ဆံပင် ザビン
隠れる	ပုန်း ポウン	紙	စက္ကူ セックー
過去	အတိတ် アティッ	神	နတ် ナッ
かご	ခြင်း チン	カミソリ（髭剃り）
傘	ထီး ティー			မုတ်ဆိတ်ရိတ်ဓါး
菓子	မုန့် モウン			モウッセイイェイッダー
家事	အိမ်တွင်းကိစ္စ	カメラ	ကင်မရာ キンマラー
	エインドゥインケイッサ	かゆい	ယား ヤー
火事	မီးလောင်မှု ミーラウンフム	から揚げ	ကြက်ကြော် チェッチョー
賢い	လိမ္မာ レインマー	辛い	စပ် サッ
ガス	ဓာတ်ငွေ့ ダッグェ	体	ကိုယ်ခန္ဓာ／ခန္ဓာကိုယ်
風	လေ レー		コーカンダー／カンダーコー
風邪薬	အအေးမိပျောက်ဆေး	軽い	ပေါ့ ポォ
	アエーミー ピャウッセー	カレー	ဟင်း ヒン
数える	ရေတွက် イェートゥエッ	彼氏（彼女）	ရည်းစား イーザー

和緬小辞典 あ行・か行

133

日本語	ミャンマー語	発音	日本語	ミャンマー語	発音
カレンダー	ပြက္ခဒိန်	ピャェガデイン			アポーダンタットゥ
皮（果物の）	အခွံ	アクン	聞く	နားထောင်	ナータウン
かわいい	ချစ်စရာ ကောင်း	チッサヤー カウン	機嫌がいい	စိတ်ပျော်ရွှင်	セイッピョーシュイン
かわいそう	သနားစရာ ကောင်း	タナーザヤー カウン	機嫌が悪い	စိတ်ကောက်	セイッカウッ
乾かす	လှန်း	フラン	気候	ရာသီဥတု	ヤーディーウードゥ
乾く	ခြောက်	チャウッ	汽車	မီးရထား	ミーヤター
変わる	ပြောင်း	ピャウン	技術	အတတ်ပညာ	アタッピニャー
考える	စဉ်းစား	スィンザー	傷	ဒဏ်ရာ	ダンヤー
感覚	အာရုံ	アーヨウン	傷つける	ထိခိုက်	ティーカイッ
観光	လည်ပတ်ကြည့်ရှု	レーパッ チーシュ	寄生虫	သန်ကောင်	タンガウン
			季節	ရာသီ	ヤーディー
感謝する	ကျေးဇူးတင်	チェーズーティン	規則	စည်းမျဉ်းစည်းကမ်း	スィーミンスィーカン
感情	စိတ်ခံစားမှု	セイッカンザーフムー	北	မြောက်	ミャウッ
感心する（賞賛）			きつい（窮屈）	ကျပ်	チャッ
	ချီးကျူး	チーチュー	きつい（疲労）	ပင်ပန်း	ピンバン
感想	ခံစားချက်	カンザーヂェッ	喫茶店	လက်ဖက်ရည်ဆိုင်／ကော်ဖီဆိုင်	ラペッイエーザイン／コーフィーザイン
簡単だ	လွယ်	ルエー			
缶詰	စည်သွတ်ဗူး	スィートゥップー	キッチン	မီးဖိုချောင်	ミーポーヂャウン
			気に入る	ကြိုက်	チャイッ
がんばる	အားထုတ်	アートウッ	記念	အမှတ်တရ	アフマッタヤー
看板	ဆိုင်းဘုတ်	サインボウッ	昨日	မနေ့က	マネーガ
漢方薬	တရုတ် တိုင်းရင်းဘဝဆေး	タヨウッ タインインバヤーセー	厳しい	တင်းကျပ်	ティンチャッ
			寄付する	လှူ	フルー
			希望する	မျှော်လင့်	フミョーリン
木	သစ်ပင်	ティッピン	奇妙な	ထူးဆန်း	トゥーザン
黄色	အဝါရောင်	アワーヤウン	決める	ဆုံးဖြတ်	ソウンピャッ
気温	အပူချိန်	アプーヂェイン	気持ち	စိတ်	セイッ
気が合う	မျက်နှာကြောတည့်	ミェッフナー チョーテー	気持ちいい		
				စိတ်ကြည်နူးစရာ ကောင်း	セイッチーヌーザヤー カウン
機会	အခါအခွင့်	アカーアクィン	客（店の）	ဈေးဝယ်သူ	ゼーウェードゥー
着替える	အဝတ်လဲ	アウッレー			
気が小さい	စိတ်နု	セイッヌー	キャンセルする		
気が長い	စိတ်ရှည်	セイッシェー		ပယ်ဖျက်	ペーピェッ
気が短い	စိတ်တို	セイットゥー	休暇	ခွင့်	クィン
貴金属	အဖိုးတန်သတ္တု				

日本語	ビルマ語	発音
救急車	လူနာတင်ယာဉ်	ルーナーティンイン
休憩	အနား	アナー
牛肉	အမဲသား	アメーダー
牛乳	နွားနို့	ノワーノウ
急用	အရေးပေါ်ကိစ္စ	アイェーボーケイッサ
教育	ပညာရေး	ピンニャーイェー
教会	ခရစ်ယာန်ဘုရားကျောင်း	カリッヤンパヤーチウン
行儀がいい	စရိုက်ကောင်း	ザヤイッカウン
教師	ကျောင်းဆရာ	チャウンサヤー
行事	လုပ်ငန်းဆောင်တာ	ロウッンガンサウンダー
兄弟姉妹	ညီအစ်ကိုမောင်နှမ	ニーアコウーマウンフナマ
興味がある	စိတ်ဝင်စား	セイッウィンザー
協力する	ကူညီ	クーニー
去年	မနှစ်က	マフニッカ
きらきらしている	ပြောင်	ピャウン
霧	မြူ	ミュー
キリスト	ခရစ်တော်	カリットー
着る	ဝတ်	ウッ
気をつける	ဂရုစိုက်	ガユーサイッ
金	ရွှေ	シュエー
銀	ငွေ	ングエー
緊急	အရေးပေါ်	アイェーボー
禁止	ပိတ်ပင်ခြင်း	ペイッピンヂン
緊張する	တင်းမာ	ティンマー
勤勉な	လုံ့လရှိ	ロウンラー シーデー
空気	လေ	レー
空港	လေဆိပ်	レーゼイッ
偶然	မတော်တဆ	マトータサ
クギ	သံ	タン
腐る	ပုပ်	ポウッ
くしゃみする	နှာချေ	フナーチー
苦情を言う	တိုင်တန်း	タインタン
薬	ဆေး	セー
くだらない	တန်ဘိုးမဲ့	タンボーメ
口	ပါးစပ်	バザッ
口がうまい	နှုတ်ချို	フノウッ チョー
口が堅い	နှုတ်လုံ	フノウッ ロウン
くちびる	နှုတ်ခမ်း	フナカン
口紅	နှုတ်ခမ်းနီ	フナカンニー
くっつく	ကပ်	カッ
靴屋	ဖိနပ်ဆိုင်	パナッサイン
国	နိုင်ငံ	ナインンガン
首	လည်ပင်း	レービン
クビになる	အပြုတ်ခံ	アピョウッカン
クモ	ပင့်ကူ	ピングー
くもり	မိုးအုံ့	モーオウン
暗い	မှောင်	フマウン
クラスメート	အတန်းသူ အတန်းသား	アタンドゥー アタンダー
比べる	နှိုင်းယှဉ်	フナインシン
クリーニング	အဝတ်လျှော်ခြင်း	アウッショーヂン
繰り返す	ထပ်လုပ်	タッロウッ
クリスマス	ခရစ္စမတ်	カリッスマッ
苦しい	ဆင်းရဲ	スィンイェー
クレジットカード	အကြွေးဝယ်ကတ်	アチュエーウェーカッ
黒（色）	အမဲရောင်	アメーヤウン
苦労する	အဆင်းရဲခံ	アスィンイェー カン
加える	ပေါင်း	パウン
詳しい	အသေးစိတ်သိ	アテーゼイッ ティ
経営する	စီမံခန့်ခွဲ	スィーマンカンクェー
計画	စီမံကိန်း	スィーマンゲイン
経験	အတွေ့အကြုံ	アトゥエアチョウン

付録

和緬小辞典 か行

135

日本語	ビルマ語	発音
敬虔な	ကြည်ညို	チーニョウー
経済	စီးပွားရေး	スィーブワーイエー
警察	ရဲစခန်း	イエーサカン
計算する	ရေတွက်	イェートウェッ
芸術	အနုပညာ	アヌーピニャー
携帯電話	လက်ကိုင်ဖုန်း	レッカインポウン
経費	ကုန်ကျစရိတ်	コウンチャザイェイッ
軽蔑する	မသိလေးစားပြု	マティーレーザー ピュー
契約書	စာချုပ်	サーヂョウッ
ゲーム（遊び）	ကစားပွဲ	ガザーブェー
怪我	ဒဏ်ရာ	ダンヤー
劇	ပြဇာတ်	ピャザッ
劇場	ဇာတ်ရုံ	ザッヨウン
今朝	ဒီမနက်	ディーマネッ
下剤	ဝမ်းနုတ်ဆေး	ウンノウッ セー
消しゴム	ခဲဖျက်	ケービェッ
化粧する	အလှပြင်	アフラピィン
化粧品	အလှကုန်ပစ္စည်း	アフラーコウン ピッスィー
消す	ချေဖျက်	チェーピェッ
ケチ	ကပ်စေးနဲ	カッスィーネー
血圧	သွေးအား	トゥェー アー
結果	ရလဒ်	ヤーラッ
結婚式	မင်္ဂလာဆောင် အခမ်းအနား／မင်္ဂလာဆောင်ပွဲ	ミンガラーサウン アカンアナー／ミンガラーサウンブェ
結婚する	လက်ထပ်／မင်္ဂလာဆောင်	レッタッ／ミンガラーサウン
欠席	မတက်ရောက်ခြင်း／ပျက်ကွက်ခြင်း	マテッヤウッチン／ピエクェッチン
欠点	ချို့ယွင်းချက်	
		チョウユインヂェッ
月曜日	တနင်္လာနေ့	タニンラーネ
解熱剤	အပူဖြတ်ဆေး	アピャーピャッセー
けむり	မီးခိုး	ミーコウー
下痢	ဝမ်းလျှောခြင်း	ワンショーヂン
下痢をする	ဝမ်းလျှော ဝမ်းသွား	ウンショ ウンショー
蹴る	ကန်	カン
原因	အကြောင်းရင်း	アチャウンイン
見学する	ကြည့်ရှုလေ့လာ	チーシューレーラー
元気	ကျန်းမာ	チャンマー
研究する	သုတေသနပြု	トゥテータナーピュゥ
健康	ကျန်းမာရေး	チャンマーイェー
検査	စစ်ဆေးခြင်း	スィッセーヂン
現在	အခု	アクー
恋	အချစ်	アチッ
濃い（色）	အရောင်ရင့်	アヤウンイン
濃い（液体）	အရည်ပျစ်	アイェーピッ
恋する	ချစ်	チッ
恋人	ရည်းစား	イーザー
公害	ပတ်ဝန်းကျင်ညစ်ညမ်းမှု	パッウンヂンニッニャンフムー
後悔する	နောင်တရ	ナウンダヤー
交換する	ဖလှယ်	パフレー
航空会社	လေကြောင်းကုမ္ပဏီ	レーヂャウン コウンパニー
航空券	လေယာဉ်လက်မှတ်	レーイン レッフマッ
高校	အထက်တန်းကျောင်း／အထက	アテッタンジャウン／アタカ
広告	ကြော်ငြာ	チョーニャー
口座	ငွေစာရင်း	ングェーサイン
工事	ဆောက်လုပ်ရေး လုပ်ငန်း	

136

	サウッロウッイェー ロウッンガン	
工事中	ပြင်ဆဲ ピンゼー	
公衆電話	အများသုံး တယ်လီဖုန်း アミャートウン テーリーポウン	
公衆トイレ	အများသုံး အိမ်သာ アミャートウン エインダー	
交渉する	ညှိနှိုင်း ဆွေးနွေး フニィーフナイン スエーヌエー	
香辛料	အမွှေးအကြိုင် アフムエーアチャイン	
洪水	ရေကြီးခြင်း イェーチーデン	
紅茶	လက်ဖက်ရည် ラペッイェー	
交通	လမ်းပန်းဆက်သွယ်ရေး ランパンセットウェーイェー	
交通事故	ကားတိုက်မှု カータイッフム	
幸福	ချမ်းသာမှု チャンダーフム	
興奮する	စိတ်တက်ကြွ セイッテッチュワ	
公務員	အစိုးရဝန်ထမ်း アソーヤーウンダン	
小売り	လက်လီ レッリー	
交流する	ကူးလူးဆက်ဆံ クールーセッサン	
声	အသံ アタン	
氷	ရေခဲ イェーゲー	
凍る	ခဲ ケー	
誤解する	အထင်လွဲ アティンルエー	
小切手	ချက်လက်မှတ် チェッレッフマッ	
ゴキブリ	ပိုးဟပ် ポーハッ	
故郷	ဇာတိ ザーティ	
国際電話	ပြည်ပပြောတယ်လီဖုန်း ピーパーピョー テーリーポウン	
国民	ပြည်သူပြည်သား ピードゥーピーダー	
焦げる	ကျွမ်း チュン	
心	စိတ် セイッ	
腰	ခါး ァカー	
故障する	ပျက် ピェッ	
小銭	အကြွေ アチュエー
答える	ဖြေ ピェー
ごちそうする	ကျွေးမွေး チューメエ
コック	ထမင်းချက် タミンヂェッ
小包	ပါဆယ် パーセー
コップ	ဖန်ခွက် パングエッ
孤独な	အထော်မဲ့ アポーメー
今年	ဒီနှစ် ディーフニッ
子どもっぽい	ကလေးဆန် カレーサン
断る	ငြင်း ニン
このように	ဒီလို ディーロウー
コピーする	မိတ္တူကူး メイトゥークー
困る	အခက်အခဲ တွေ့ アケッアケー トウェ
ゴミ	အမှိုက် アフマイッ
ゴミ箱	အမှိုက်ပုံး アフマイッポウン
小麦粉	ဂျုံမှုန့် ジョウンフモウン
米	ဆန် サン
コレラ	ကာလဝမ်းရောဂါ カーラウンヨーガー
殺す	သတ် タッ
転ぶ	လဲကျ レーチャー
怖い	ကြောက်စရာကောင်း チャウッサヤーカウン
壊す	ဖျက် ピェッ
壊れる	ပျက် ピェッ
今回	ဒီတစ်ခါက် ディータカウッ
今月	ဒီလ ディーラ
混雑する	ရှုပ်ထွေး／လူကျပ် ショウットウェー／ルーチャッ
コンセント	ပလပ်ပေါက် パラッパウッ
コンピューター	ကွန်ပျူတာ クンピューター
今夜	ဒီည／ကနေ့ည ディーニャ／ガネーニャ
【さ行】	
再会する	ပြန်တွေ့ ピャントウェ

137

最後	အဆုံး	アソウン
祭日	ပွဲနေ့	プエーネ
最初	အစ	アサー
最新	နောက်ဆုံးပေါ်	ナウッソウンポー
サイズ	အရွယ်အစား	アユエーアサー
才能	အစွမ်း	アスワン
裁判所	တရားရုံး	タヤーヨウン
財布	ပိုက်ဆံအိတ်	パイッサンエイッ
坂	အတက်အဆင်း	アテッアスイン
探す	ရှာ	シャー
下がる	ကျ	チャー
昨晩	မနေ့ညက	マネェニャアガ
酒	အရက်	アイエッ
叫ぶ	အော်	オー
避ける	ရှောင်	シャウン
下げる	ချ	チャー
指す	လက်ညှိုး ထိုးပြ	レッフニョウー トゥーピャ
座席	ထိုင်ခုံ	タインゴウン
誘う	အဖော်စပ်	アフォーサッ
撮影	ရိုက်	ヤイッ
さっき	ခုနက	フクナガー
砂糖	သကြား	ダジャー
さびしい	လွမ်း	ルワン
寒い	ချမ်း	チャン
冷める	အေးကုန်	エーコウン
サル	မျောက်	ミャウッ
触る	ထိ	ティー
サングラス	နေကာမျက်မှန်	ネーカーミェッフマン
サンダル	ညှပ်ဖိနပ်	フニャッパナッ
散髪	ဆံပင်ညှပ်ခြင်း	ザビンフニャッチン
散歩する	လမ်းလျှောက်	ランシャウッ
試合	ပြိုင်ပွဲ	ピャインブエー
幸せ	ပျော်ရွှင်မှု	ピョーシュインフム
シーツ	အိပ်ရာခင်း	エイッヤーギン
ジーンズ	ဂျင်းဘောင်းဘီ	ジンバウンビー
塩	ဆား	サー
次回	နောက်တစ်ခေါက်	ナウッタカウッ
資格	အရည်အချင်း	アイェーアチン
しかし	ဒါပေမဲ့	ダーベーメ
叱る	ဆူ	スー
試験	စာမေးပွဲ	サーメーブエー
資源	သယံဇာတ ပစ္စည်း	タヤンザータ ピッスィー
事件	မှုခင်း	フムーギン
時刻表	အချိန်ဇယား	アチェインザヤー
仕事	အလုပ်	アロウッ
時差	အချိန် ခွဲခြားမှု	アチェイン クエージャーフム
辞書	အဘိဓာန်	アビィダン
静かだ	တိတ်ဆိတ်	テイッセイッ
沈む	နစ်မြုပ်	ニッミョウッ
施設	အသုံးအဆောင်	アトウンアサウン
自然	သဘာဝ	タバーワ
子孫	သားစဉ်မြေးဆက်	ターズィンミェーゼッ
下	အောက်	アウッ
舌	ရှာ	シャー
時代遅れ	ခေတ်နောက်ကျ	キッナウッチャー
仕立てる	အဝတ် ချုပ်	アウッ チョウッ
試着する	ဝတ်ကြည့်	ウッチィー
しつこい (行動)	နားပူ	ナープー
実際	တကယ်	ダゲー
実は	တကယ်လို့	ダゲーロウ
失敗	မအောင်မြင်ခြင်း	マアウンミンヂン
質問	မေးခွန်း	メーグン
失礼だ	မခန့်လေးစားလုပ်	マカンレーザーロウッ
自転車	စက်ဘီး	セッベイン

138

芝居	ပြဇာပ်	ピャザッ
支配人	မန်နေဂျာ	マ(ン)ネージャー
しばしば	ခဏခဏ	カナカナ
縛る	ချည်	チー
痺れる	ကျဉ်	チン
紙幣	ငွေစက္ကူ	ングエーセックー
絞る	ညှစ်	フニッ
島	ကျွန်း	チュン
しまう	သိမ်း	テイン
自慢する	ကြွား	チュワー
地味な	ပိန်	フメイン
事務所	ရုံး	ヨウン
締め切り	နောက်ဆုံးပိတ်ရက်	ナウソウンペイイェッ
湿った	စိုစွတ်	ソースッ
地面	မြေကြီး	ミェーヂー
ジャーナリスト	စာနယ်ဇင်းသမား	サーネーズィンダマー
釈迦	မြတ်စွာဘုရား	ミャッスワーパヤー
社会	လူမှုရေး	ルーフムイェー
じゃがいも	အာလူး	アールー
市役所	မြို့ရုံး	ミョウヨウン
借金	အကြွေး	アチュエー
社長	ကုမ္ပဏီဥက္ကဋ္ဌ	コウンパニーオウッカタ
シャツ	ရှပ်အင်္ကျီ	シャッインヂー
邪魔をする	နှောင့်ယှက်	フナウンシェッ
ジャム	ယို	ヨー
シャワー	ရေပန်း	イェーバン
シャンプー	ခေါင်းလျှော်ရည်	ガウンショーイェー
自由	လွတ်လပ်မှု	ルッラッフム
習慣	လေ့ထုံးစံ	ダレートウンザン
周囲	ပတ်ပတ်လည်	パッパッレー
宗教	ဘာသာ	バーダー
住所	လိပ်စာ	レイッサー
ジュース	အဖျော်ရည်	アピョーイエー
渋滞	ကားပြည့်နေခြင်း	カーピェネーヂン
重体	ရောဂါကျမ်းခြင်း	ヨーガーチュンヂン
集中する	စုရုံ	スウヨウン
充電する	ဓာတ်အားသွင်း	ダッアートウイン
収入	ဝင်ငွေ	ウインングェー
修理する	ပြုပြင်	ピュービン
宿題	အိမ်စာ	エインザー
宿泊する	တည်း	テエー
手術	ခွဲစိတ်ကုသခြင်း	クエーセイックーターヂン
首相	ဝန်ကြီးချုပ်	ウンヂーヂョウッ
出国	ပြည်ပထွက်ခွါခြင်း	ピーパートウェックワーヂン
出産	မွေးဖွားခြင်း	ムエーブワーヂン
出席する	တက်	テッ
首都	မြို့တော်	ミョウドー
主婦	အိမ်ရှင်မ	エインシンマ
種類	အမျိုးအစား	アミョウーアサー
純粋だ	စစ်မှန်	スィッフマン
準備する	စီစဉ်／ပြင်ဆင်	スイーズィン／ピィンスィン
紹介する	မိတ်ဆက်	メィッセッ
消火する	မီးသတ်	ミーダッ
正月	နှစ်သစ်ကူး	フニッティックー
小学校	မူလတန်းကျောင်း	ムーラーダンヂャウン
乗客	ခရီးသည်	カイーデー
上司	အထက်လူကြီး	アテッルーヂー
正直だ	ရိုးသား	ヨーター
少女	မိန်းကလေး	メインカレー
上手だ	တော်	トー
招待する	ဖိတ်ခေါ်	ペィッコー
冗談	ပြက်လုံး	ピェッロウン

承認する	အသိအမှတ်ပြု	アティアフマッピュー
商売	အရောင်းအဝယ်	アヤウンアウェー
丈夫だ	ခိုင်မာ	カインマー
情報	သတင်း	ダディン
証明書	ထောက်ခံစာ	タウッカンザー
食事	အစာ	アサー
植物	အပင်	アピン
食欲	စားချင်စိတ်	サーヂンゼイッ
しょっぱい	ငန်	ンガン
書店	စာအုပ်ဆိုင်	サーオウッサイン
書類	စာရွက်စာတမ်း	サーユエッサーダン
知らせる	အကြောင်းကြား	アチャウンチャー
調べる	စုံစမ်း	ソウンザン
白	အဖြူ	アピュー
シンガポール	စင်္ကာပူ	スィンガプー
神経質だ	စိတ်မခိုင်ဘူး	セイッマカインブー
深刻だ	လေးလေးနက်နက် ရှိ	レーレーネッネッ シー
寝室	အိပ်ခန်း	エイッカン
真実（真理）	အမှန်တရား	アフマンタヤー
真珠	ပုလဲ	パレー
人種	လူမျိုး	ルーミョウ
親戚	ဆွေမျိုး	スエミョウ
親切だ	ယဉ်ယ	ユーヤ
新鮮だ	လတ်ဆတ်	ラッサッ
心配する	စိတ်ပူ	セイップー
新聞	သတင်းစာ	ダディンザー
じんましん	အင်ပျဉ်	インビン
親友	သူငယ်ချင်း	タンゲージン
信頼する	ယုံကြည်	ヨウンチー
水泳	ရေကူး	イェークー
推薦する	ထောက်ခံ	タウッカン
スイッチ	ခလုတ်	カロウッ
水道	ရေပိုင်	イエーボウンバイン
睡眠	အိပ်ရေး	エイッイェー
吸う	စုပ်	ソウッ
数字	ဂဏန်း	ガナン
スーツ	အနောက်တိုင်း ဝတ်စုံ	アナウッタイン ウッソウン
スーツケース	ခရီးဆောင် သေတ္တာ	カイーサウン ティッター
スーパーマーケット	စူပါမတ်ကက်	スーパーマッケッ
スープ	ဟင်းချို	ヒンジョー
スカート	စကတ်	サカッ
好き	ကြိုက်	チャイッ
少ない	နည်း／နဲ	ネー
涼しい	အေး	エー
ずっと	တောက်လျှောက်	ダウッシャウッ
ステーキ	အမဲသားတုံးကြော်	アメーダードウンヂョー
捨てる	ပစ်	ピッ
ストッキング	အသားကပ် ခြေအိပ်	アターカッ チーエイッ
素直だ	ရိုးသား	ヨーター
スパゲッティ	အီတလီခေါက်ဆွဲ	イタリーカウッスェー
素晴らしい	ကောင်းမွန်	カウンムン
スピード	အရှိန်	アシェイン
スプーン	ဇွန်း	ズン
全て	အားလုံး	アーロウン
滑る	ချော	チョー
スマートフォン	စမတ်ဖုန်း	サマッポウン
すみませんが	ကျေးဇူးပြုပြီး	

140

	チェーズーピュビィー	
住む	နေ ネー	
スリ	ခါးပိုက်နှိုက် ガバイッフナイッ	
鋭い	ထက် テッ	
座る	ထိုင် タイン	
正確だ	တိကျ ティチャ	
請求する	တောင်း タウン	
清潔な	သန့်ရှင်း タンシン	
制限	အကန့်အသတ် アカンアタッ	
成功する	အောင်မြင် アウンミン	
生産する	ထုတ်လုပ် トウッロウッ	
政治	နိုင်ငံရေး ナインンガンイェー	
精神	စိတ်ဓာတ် セイッダッ	
成績	စာမေးပွဲ အမှတ် サーメーブエー アフマッ	
贅沢だ	ဇိမ်ခံ ゼインカン	
成長する	ကြီးထွား チートワー	
生徒	ကျောင်းသား チャウンダー	
生年月日	မွေးသက္ကရာဇ် ムエーテッガイッ	
政府	အစိုးရ アソーヤ	
西洋	အနောက်တိုင်း アナウッタイン	
生理用品	အမျိုးသမီးသုံး သန့်ရှင်းရေးပစ္စည်း アミョーダミートウン タンシンイェーピッスィ	
背負う	ကျောပိုး チョーポー
世界	ကမ္ဘာ ガバー
咳（をする）	ချောင်းဆိုး チャウンソー
責任がある	တာဝန်ရှိ ターウンシー
石油	ရေနံ イェーナン
積極的に	စိတ်ပါ လက်ပါ セイッパー レッパー
絶対に	မချ モゥッチャ
説明する	ရှင်းပြ シンピャー
節約する	ခြိုးခြံ チョーチャン
背中	ကျော チョー
狭い	ကျဉ်း チン
世話する	ပြုစု ピュゥズー

世話する（家畜を）		
	ကျောင်း チャウン
線	မျဉ်း ミン
全員	အားလုံး アーロウン
選挙	ရွေးကောက်ပွဲ ユエーカウップエー
先月	အရင်လ アインラー
洗剤	ဆပ်ပြာမှုန့် サッピャーフモウン
先日	တလောက タローガ
先週	အရင်အပတ် アインアパッ
先生	ဆရာ サヤー
洗濯する	အဝတ်လျှော် アウッショー
全部	အားလုံး アーロウン
ゾウ	ဆင် スィン
ソース	ဆော့ ソォ
想像する	စိတ်ကူးယဉ် セイックーイン
相談する	တိုင်ပင် タインビン
僧侶	ဘုန်းကြီး ポウンヂー
そして	ပြီးတော့ ピードゥ
育てる	မွေး ムエー
祖父	အဘိုး アポウー
ソファ	ဆိုဖာ ソファー
剃る	ရိတ် イェイッ
それとも	ဒါမှမဟုတ် ダーフマ マホウッ

【た行】

タイ	ထိုင်း フタイン
体温計	ပြဒါးတိုင် バダータイン
大学生	တက္ကသိုလ် ကျောင်းသူကျောင်းသား テッカトー チャウンドゥー チャウンダー
大根	မုန်လာဥ モウンラウー
滞在する	တည်း テー
大使	သံအမတ်ကြီး タンアマッチー
大使館	သံရုံး タンヨウン
体重	ကိုယ်အလေးချိန် コーアレーヂェイン

日本語	ビルマ語	発音
大切だ	တန်ဘိုးထား	タンボーター
たいてい	အများအားဖြင့်	アミャー アーピン
台所	မီးဖိုခန်း	ミーボウーガン
大便	ကျင်ကြီး	チンヂー
逮捕する	ဖမ်း	パン
太陽	နေ	ネー
耐える	ခံ	カン
タオル	မျက်နှာသုတ်ပုဝါ	ミェッナートウッパワー
倒れる	လဲကျ	レーチャー
高い（値段）	ဈေးကြီး	ゼーチー
高い（背が）	အရပ်ရှည်	アヤッシェー
炊く	ချက်	チェッ
抱く	ပွေ့	ペッ
たくさん	အများကြီး	アミャージー
確かな	ခိုင်လုံ	カインロウン
足す（補う）	ဖြည့်	ピェ
足す（加える）	ပေါင်း	パウン
助ける	ကယ်ဆယ်	ケーゼー
尋ねる	မေး	メー
たたかう	တိုက်ခိုက်	タイッカイッ
叩く（掌で）	ပုတ်	ポウッ
正しい	မှန်	フマン
たたむ	ခေါက်	カウッ
縦	အလျား	アリャー
例えば	ဥပမာ အားဖြင့်	ウパマー アーピン
棚	စင်	スィン
他人	သူတစ်ပါး	トゥーダバー
楽しい	ပျော်	ピョー
楽しむ	ပျော်	ピョー
旅	ခရီး	フカイー
多分	အထင် အားဖြင့်	アティン アーピン
食べ物	အစားအစာ	アサーアサー
騙す	လိမ်ညာ	レインニャー
タマネギ	ကြက်သွန်နီ	チェットゥンニー
ダム	ရေကာတာ	イエーガーター
試す	စမ်း	サン
ためらう	အင်တင်တင်	インティンディン
頼る	အားကိုး	アーコー
痰	ချွဲ	チュエー
単語	စကားလုံး	ザガロウン
短所	ချို့ယွင်းချက်	チョウユインヂェッ
誕生日	မွေးနေ့	ムェーネ
タンス	ဘီဒို	ビードゥー
たんぼ	လယ်ကွင်း	レーグイン
暖房（器具）	အပူပေးစက်	アプーペーゼッ
血	သွေး	トゥエー
治安がいい	လုံခြုံရေး ကောင်း	ロウンヂョウンイェー カウン
治安が悪い	လုံခြုံရေး မကောင်းဘူး	ロウンヂョウンイェー マカウンブー
地域	ဒေသ	データー
小さい	သေး	テー
チェックアウト	ချက်အောက်	チェックアウッ
チェックイン	ချက်အင်	チェックイン
近い	နီး	ニー
地下鉄	မြေအောက် ရထား	ミェーアウッ ヤター
違う（異なる）	ကွာခြား	クワージャー
父	အဖေ	アペー
近づく	ချဉ်းကပ်လာ	チンカッラー
地球	ကမ္ဘာမြေကြီး	ガバーミエジー
遅刻する	နောက်ကျ	ナウッチャー
知識	ဗဟုသုတ	バフトゥター
縮む	ကျုံ့	チョウン

142

日本語	ビルマ語	発音
茶（色）	အညိုရောင်	アニョーヤウン
茶（飲み物）	လက်ဖက်ရည်	ラペッイェー
チャーターする	စင်းလုံးငှါ	スィンロウン フガー
チャーハン	ထမင်းကြော်	タミンヂョー
茶碗	ပန်းကန်လုံး	バガンロウン
注意	သတိ	ダディー
中華まん	ပေါက်စီ	パウッスィー
中華料理	တရုတ်အစားအစာ	タヨウッアサーアサー
中国茶	တရုတ်ရေနွေးကြမ်း	タヨウッイェーヌエーヂャン
駐車場	ကားရပ်ဖို့နေရာ	カーヤッポゥネーヤー
中心	အလယ်ဗဟို	アレーバホゥー
注文する	မှာ	フマー
蝶	လိပ်ပြာ	レイッピャー
長所	ကောင်းကွက်	カウンヂェッ
調整する	ညှိ	フニー
ちょうど（きっかり）	တိတိ	ティディー
調味料	ဟင်းခတ်အမွှေးအကြိုင်	ヒンカッアムェアチャイン
貯金	စုငွေ	スーングエー
チョコレート	ချောကလက်	チョーカレッ
鎮痛剤	အကိုက်အခဲပျောက်ဆေး	アカィッアケー ピャウッセー
追加する	ဖြည့်စွက်	ピェースエッ
通過する	ဖြတ်သန်း	ピャッタン
通訳	စကားပြန်	ザガビャン
捕まえる	ဖမ်း	パン
月（天体）	လ	ラ
次	နောက်	ナウッ
着く	ရောက်	ヤウッ
つける	ကပ်	カッ
つける（電気を）	မီးဖွင့်	ミープィン
土	မြေ	ミェー
包む	ထုပ်	トウッ
つなぐ	ဆက်	セッ
妻	ဇနီး／မိန်းမ	ザニー／メインマ
爪（足の）	ခြေသည်း	チーテー
爪（手の）	လက်သည်း	レッテー
強い（力）	အားကောင်း	アーカウン
手	လက်	レッ
提案	အဆိုပြုချက်	アソーピューヂェッ
Tシャツ	တီရှပ်	ティーシャッ
ティッシュペーパー	တစ်သျှူး	ティッシュー
丁寧だ	ယဉ်	ピューフガー
テーブル	စားပွဲ	ザベー
出かける	အပြင်ထွက်	アピントウェッ
手紙	စာ	サー
出口	ထွက်ပေါက်	トウェッパウッ
テスト	စာမေးပွဲ	サーメーブェー
鉄	သံ	タン
手伝う	ကူညီ	クーニー
鉄道	ရထား	ヤター
テニス	တင်းနစ်	ティンニッ
手荷物	လက်ဆွဲတန်ဆာ	レッスエー タンザー
手袋	လက်အိတ်	レッエイ
寺（僧院）	ဘုန်းကြီးကျောင်း	ポウンヂーチャウン
店員	ဆိုင်ဝန်ထမ်း	サインウンダン
天気	ရာသီဥတု	ヤーディーウードゥ
天気予報	မိုးလေဝသ ခန့်မှန်းချက်	モーレーワダ カンフマンヂェッ
伝言	တဆင့်စကား	タスィンザガー

電車	ရထား	ヤター	都市	မြို့ကြီးပြကြီး	ミョウヂー ピャーヂー
天井	မျက်နှာကြက်	ミェッフナヂェッ	歳	အသက်	アテッ
添乗員	ခရီးသွားတာဝန်ခံ	カイートゥワーターウンカン	歳とった	အသက်ကြီးရင့်	アテッチーイン
電子レンジ	မိုက္ခရိုဝေ့ဖ်	マイカロウェ(ブ)	閉じる	ပိတ်	ペイッ
電池	ဓာတ်ခဲ	ダッケー	突然	ရုတ်တရက်	ヨウッタイェッ
電灯	ဓာတ်မီး	ダッミー	とても	အရမ်း	アヤン
電話	တယ်လီဖုန်း	テーリーポウン	隣	နံဘေး	ナンベー
電話番号	ဖုန်းနံပါတ်	ポウンナンバッ	飛ぶ	ပျံ	ピャン
電話をする	ဖုန်းဆက်	ポウンセッ	トマト	ခရမ်းချဉ်သီး	カヤンヂンディー
トイレットペーパー	တစ်ရှူး	ティッシュー	友達	သူငယ်ချင်း	タンゲーヂン
とうがらし	ငရုတ်သီး	ンガヨウッティー	鳥	ငှက်	フンゲッ
到着する	ရောက်	ヤウッ	取り消す	ချေ	チー
豆腐	တို့ဟူး	トゥーフー	取り付ける	တပ်	タッ
動物	တိရစ္ဆာန်	タレイッサン	努力する	ကြိုးစား	チョーザー
トウモロコシ	ပြောင်းဖူး	ピャウンブー	取る	ယူ	ユー
東洋	အရှေ့တိုင်း	アシェダイン	ドル	ဒေါ်လာ	ドーラー
トースト	ပေါင်မုန့်မီးကင်	パウンモウン ミーギン	泥棒	သူခိုး	タコー
通り	လမ်း	ラン	トンネル	ဥမင်	ウーミン
毒	အဆိပ်	アセイッ	【な行】		
独学する	ကိုယ့်ဘာသာလေ့လာ	コーバーターレーラー	内線	လိုင်းခွဲ	ライングエー
特産物	အထူးထွက်ပစ္စည်း	アトゥートゥウェッ ピッスィー	ナイフ	ဓား	ダー
読書	စာဖတ်ခြင်း	サーパッチン	内容	အနှစ်သာရ	アフニッターヤ
得する	မြတ်	ミャッ	直す	ပြင်	ピン
特徴	ထူးခြားချက်	トゥーヂャーヂェッ	中	အထဲ	アテー
特別だ	ထူးခြား	トゥーヂャー	長い間	ကြာကြာ	チャーヂャー
時計	နာရီ	ナーイー	流れる	စီး	スィー
時計(腕時計)	လက်ပတ်နာရီ	レッパッナーイー	泣く	ငို	ンゴウー
ところで	ဒါထက်	ダーデッ	鳴く	အော်	オー
			殴る(手で)	ထိုး	トゥー
			夏	နွေရာသီ	ヌエーヤーディー
			懐かしい	အောက်မေ့	アウッメ
			夏休み	နွေရာသီကျောင်းပိတ်ရက်	ヌエーヤーディー チャウンペイッイェッ
			鍋	အိုး	オウー
			名前	နာမယ်	ナーメー

涙	မျက်ရည်	ミェツイェー
悩む	စိတ် ညစ်	セイッ ニッ
鳴る	အသံ မြည်	アタン ミィー
なるほど	အမှန်	アフマン
慣れる	ကျင့်သားရ	チンダーヤー
似合う	လိုက်ဖက်	ライッペッ
にぎやかな	စည်ကား	スィーガー
肉屋	အသားဆိုင်	アターサイン
逃げる	ထွက်ပြေး	フトゥエツピェー
西	အနောက်	アナウッ
偽物	အတု	アトゥ
日（にち）	ရက်	イェッ
似ている	ဆင်တူ	スィントゥー
日本	ဂျပန်	ジャパン
日本円	ယန်းငွေ	ヤングエ
日本人	ဂျပန် လူမျိုး	ジャパン ルーミョー
入院する	ဆေးရုံတက်	セーヨウンテッ
入国する	ပြည်ဝင်	ピーウィン
ニュース	သတင်း	ダディン
煮る	ချက်	チェッ
庭	ခြံ	チャン
ニワトリ	ကြက်	チェッ
人気がある	လူကြိုက် များ	ルーチャイッ ミャー
人形	အရုပ်	アヨウッ
人間	လူ	ルー
妊娠する	ကိုယ်ဝန်ဆောင်	コーウンサウン
にんにく	ကြက်သွန်ဖြူ	チェットゥンビュー
妊婦	ကိုယ်ဝန် ဆောင်အမျိုးသမီး	コーウン サウンアミョーダミー
抜く	နုတ်	ノウッ
脱ぐ	ချွတ်	チュッ
盗む	ခိုး	フコー
塗る	လိမ်း	レイン
値打ちがある	တန်ဘိုး ရှိ	タンボゥー シー
ネクタイ	လည်စည်း	レーズィー
猫	ကြောင်	チャウン
値段	ဈေးနှုန်း	ゼーフノウン
熱	အဖျား	アフピャー
値引きする	ဈေးလျှော့	ゼーショー
眠い	အိပ်ချင်	エイッチン
年（ねん）	ခုနှစ်	クフニッ
捻挫する	အဆစ်မြစ်	アスィッミェッ
年齢	အသက်	アテッ
農民	တောင်သူ လယ်သမား	タウンドゥー レーダマー
能力	အစွမ်း	アスワン
残り	အကျန်	アチャン
覗く	ချောင်းကြည့်	チャウンチー
望む	မျှော်လင့်	フミョーリン
ノックする	ခေါက်	フカウッ
のど	လည်ချောင်း	レーヂャウン
のどがかわく	ရေငတ်	イェーンガッ
ののしる	ဆဲဆို	セーソゥー
登る	တက်	テッ
乗り換える	ပြောင်းစီး	ピャウンスィー
乗る	စီး	スィー

【は行】

葉	အရွက်	アユエッ
灰色	မီးခိုးရောင်	ミーゴーヤウン
灰皿	ပြာခွက်	ピャーグエッ
歯医者	သွားစိုက် ဆရာဝန်	トゥワーサイッ サヤーウン
配達する	ပို့	ポウ
バイバイ	တာတာ	タター
俳優（男優／女優）	မင်းသား／မင်းသမီး	ミンダー／ミンダミー
ハエ	ယင်ကောင်	インガウン
吐き気	အန်ချင်စိတ်	アンヂンセイッ
吐く	အန်	アン
履く（靴）	စီး	スィー
履く（ズボンなど）		

付録

和緬小辞典 た行・な行・は行

145

	ဝတ်	ウッ	
箱	ပုံး	ポウン	
運ぶ	သယ်	テー	
挟む	ညှပ်	フニャッ	
端	အစွန်းအဖျား	アスンアピャー	
箸	တူ	トゥー	
初めて	ပဌမ အကြိမ်	
	パタマー アチェイン	
始める	စ	サー	
場所	နေရာ	ネーヤー	
恥ずかしい	ရှက်	シェッ	
パスポート	နိုင်ငံကူးလက်မှတ်	
	ナインンガンクー レッフマッ	
パソコン	ကွန်ပျူတာ	クンピューター	
バター	ထောပတ်	トーバッ	
裸	ဝတ်လစ်စလစ်	
	ウッリッサーリッ	
畑	ယာခင်း	ヤーギン	
蜂	ပျား	ピャー	
はちみつ	ပျားရည်	ピャーイェー	
発音	အသံထွက်	アタンドウェッ	
派手な	တောက်ပြောင်	
	タウッピャウン	
花	ပန်း	パン	
話す	ပြော	ピョー	
鼻水	နှာရည်	フナーイェー	
母	အမေ	アメー	
歯磨き粉	သွားတိုက်ဆေး	
	トゥワータイッセー	
速い	မြန်	ミャン	
腹	ဗိုက်	バイッ	
貼る	ကပ်	カッ	
春巻	ကော်ပြန့်ကြော်	
	コーピャンヂョー	
晴れ	နေသာ	ネーター	
ハンカチ	လက်ကိုင်ပုဝါ	
	レッカインパワー	
パンクする	ဘီးပေါက်	ベイン パウッ	
犯罪	ပြစ်မှု	ピッフム	

ハンサム	ရုပ်ချော	ヨウッチョー
反対する	ဆန့်ကျင်	サンヂン
反対側	ဆန့်ကျင်ဘက်
	サンヂンベッ
パンツ（下着）	
	အတွင်းခံဘောင်းဘီ
	アトウインカンバウンピー
半月（はんつき）	
	လဝက်	ラーウェッ
半島	ကျွန်းဆွယ်	チュンズエー
半年	နှစ်ဝက်	フニッウェッ
ハンドバッグ	လက်ကိုင် အိတ်
	レッカイン エイッ
半日	နေ့ဝက်	ネーウェッ
犯人	ရာဇဝတ်ကောင်
	ヤーザウッカウン
半分	တစ်ဝက်	タウェッ
パン屋	ပေါင်မုန့် ဆိုင်
	パウンモウン サイン
日（ひにち）	နေ့	ネー
ピアス	နားကပ်	ナガッ
ビール	ဘီယာ	ビーヤー
比較する	နှိုင်းယှဉ်	フナインシン
東	အရှေ့	アシェ
光	အလင်း	アリン
引き受ける	လက်ခံ	レッカン
低い（背が）	ပု	プー
ひげそり	အမွေး ရိတ်ခြင်း
	アフムエー
	イェイッチン
飛行機	လေယာဉ်ပျံ
	レーインビャン
ビザ	ဗီဇာ	ビーザー
美術館	အနုပညာပြတိုက်
	アヌーピニャーピャダイッ
秘書	အတွင်းရေးမှူး
	アトウィンイエーフムー
非常口	အရေးပေါ် ထွက်ပေါက်
	アイェーボート トウェッパウッ

146

日本語	ビルマ語	発音
ヒスイ	ကျောက်စိမ်း	チャウッセイン
引っ越す	အိမ်ပြောင်း	エイン ピャウン
引っ張る	ဆွဲ	スエー
必要とする	လိုအပ်	ロウアッ
人	လူ	ルー
等しい	ညီမျှ	ニーフミャ
一人で	တစ်ယောက်တည်း	タヤウッテー
皮膚	အရေပြား	アイェービャー
ひま（な時間）	အားလပ်ချိန်	アーラッチェイン
秘密	လျှို့ဝှက်ချက်	ショウフェッチェッ
日焼け	နေလောင်ခြင်း	ネーラウンヂン
日焼け止め	နေမလောင်အောင် လိမ်းတဲ့ ကရိမ်	ネーマラウンアウン レインデ カレイン
費用	စရိတ်	ザイェイッ
美容院	အလှပြင်ဆိုင်	アフラービンザイン
病院	ဆေးရုံ	セーヨウン
表現する	ဖော်ပြ	ポービャー
昼	နေ့လယ်	ネーレー
ビル	တိုက်	タイッ
昼休み	နေ့လယ်အားလပ်ချိန်	ネーレー アーラッチェイン
広げる	ပြန့်	ピャン
広場	ကွင်း	グイン
ビン	ပုလင်း	パリン
ピンク	ပန်းရောင်	パンヤウン
貧血	သွေးအားနည်းရောဂါ	トゥエーアーネー ヨーガー
貧乏な	ဆင်းရဲ	スィンエー
ファックス	ဖက်စ်	フペッス
封筒	စာအိတ်	サーエイッ
夫婦	လင်မယား／ဇနီးမောင်နှံ	リンマヤー／ザニーマウンフナン
増える	တိုးပွါး／များလာ	トーブワー／ミャーラー
フォーク	ခက်ရင်း	フカイン
部下	လယ်သား	ンゲーダー
深い	နက်	ネッ
服	အဝတ်အစား	アウッアサー
腹痛	ဗိုက်နာခြင်း	バイッナーヂン
含む	ပါဝင်	パーウィン
不幸な	ဆင်းရဲ	スィンイェー
不思議だ	အံ့ဩစရာကောင်း	アンオーザヤー カウン
不親切	မကြင်နာဘူး	マチンナーブー
防ぐ	တားဆီး	タースィー
ふた	အဖုံး	アフポウン
再び	နောက်ထပ်	ナウッタッ
豚肉	ဝက်သား	ウェッター
豚肉カレー	ဝက်သားဟင်း	ウエッターヒン
普通	ရိုးရိုး	ヨーヨー
ぶつかる	တိုက်	タイッ
仏教	ဗုဒ္ဓ ဘာသာ	ボウダー バーダー
仏像	ဘုရားရုပ်ပွါးတော်	パヤーヨウップゥワードー
ブドウ	စပျစ်သီး	ザビエッティー
太っている	ဝ	ワー
船酔い	လှိုင်းမူး	フラインムーヂン
船	သင်္ဘော	ティンボー
不便	အဆင်မပြေ	アスィン マピェー
増やす	တိုးချဲ့	トーチェ
冬	ဆောင်းရာသီ	サウンヤーディー
ブラシ	ဝက်မှင်ဘီး	ウェッフミンビー
ブラジャー	ဘရာစီယာ	バラーズィーヤー
プラスチック		

和緬小辞典　は行

147

	ပလပ်စတစ်	パラッサティッ
降る（雨）	မိုးရွာ	モーユワー
古い	ဟောင်း	ハウン
ブレスレット	လက်ကောက်	レッカウッ
フロント	လက်ခံကောင်တာ	レッカンカウンター
文化	ယဉ်ကျေးမှု	インチェーフム
文学	စာပေ	サーペー
文章	စာ	サー
文法	သဒ္ဒါ	ダダー
平均的な	ပျမ်းမျှ	ピャンフミャ
平和	ငြိမ်းချမ်းရေး	ニェインチャンイェー
ページ	စာမျက်နှာ	サーミェッナー
へそ	ချက်	チェッ
ベッド	ခုတင်	ガデイン
ベトナム	ဗီယက်နမ်	ビーイェッナン
ベランダ	ဝရန်တာ	ワランダー
減る	လျော့	ヨー
ベルト	ခါးပတ်	ガバッ
変更する	ပြောင်းလဲ	ピャウンレー
弁護士	ရှေ့နေ	シェネー
弁当	ထမင်းဘူး	タミンブー
変な	ဆန်း	サン
便秘	ဝမ်းချုပ်ခြင်း	ウンチョウッチン
方言	ဒေသ စကား	データー ザガー
報告書	အစီရင်ခံစာ	アスィーインカンザー
帽子	ဦးထုပ်	オウットゥッ
放送する	အသံလွှင့်	アタンフルウィン
法律	ဥပဒေ	ウーバデー
ボート	လှေ	フレー
ボール	ဘောလုံး	ボーロン
ボールペン	ဘောပင်	ボーピン
他の	တခြား	タチャー
ポケット	အိတ်	エイッ
保険	အာမခံ	アーマカン
ほこり	ဖုံ	ポウン
ほしい	လိုချင်	ローヂン
保証する	အာမခံ	アーマカンペー
干す	လှန်း	フラン
ポスト	စာတိုက်ပုံး	サーダイッポウン
細い（痩せている）	ပိန်	ペイン
ほとんど	အများအားဖြင့်	アミャーアーピン
ほほ（頬）	ပါး	パー
ほめる	ချီးမွမ်း	フチームン
ボランティア	စေတနာဝန်ထမ်း	セーダナーウンダン
掘る	တူး	トゥー
本物	အစစ်	アスィッ
本屋	စာအုပ် ဆိုင်	サーオウッ サイン
翻訳する	ဘာသာပြန်	バーダーピャン

【ま行】

マーケット	ဈေး	ゼー
毎日	နေ့တိုင်း	ネーダイン
前（場所）	ရှေ့	シェ
前払いする	ငွေကြိုပေး	ングェー チョーペー
巻く	လိပ်／ပတ်	レイッ／パッ
枕	ခေါင်းအုံး	ガウンオウン
マグロ	တူနာငါး	トゥーナーンガー
負ける	ရှုံး	ショウン
まける（値引きする）	ဈေးလျှော့	ゼーショウ
孫	မြေး	ミエー
まじめ	တည်ကြည်	テーチー
貧しい	ဆင်းရဲ	スィンイェー
街	မြို့	ミョウ
待ち合わせる	ချိန်းတွေ့	チェイントゥエ
間違い	အမှား	アフマー
まっすぐ	တည့်တည့်	テェデェ

148

祭り	ပွဲ	プエー
窓	ပြတင်းပေါက်	バディンバウッ
間に合う	မီ	ミー
マニキュア	လက်သည်းဆိုးဆေး	レッテーソウーセー
豆	ပဲ	ペー
豆カレー	ပဲဟင်း	ペーヒン
まもなく	မကြာခင်	マチャーギン
守る	စောင့်ရှောက်	サウンシャウッ
マレーシア	မလေးရှား	マレーシャー
回す	လှည့်	フレェ
回る	လှည်	レー
満足する	ကျေနပ်	チェーナッ
満腹	ဗိုက်ဝ	バイワー
実	အသီး	アティー
見送る	လိုက်ပို့	ライッポゥ
磨く	ပွတ်	プッ
右	ညာ	ニャー
短い	တို	トゥー
湖	ကန်	カン
道	လမ်း	ラン
道に迷う	မျက်စိလည်	ミェッスィーレー
見つける	ရှာတွေ့	シャートゥェ
見積もり	တွက်ကြည့်ခြင်း	トゥェッチィヂン
緑色	အစိမ်းရောင်	アセインヤウン
南	တောင်	タウン
醜い	ရုပ်ဆိုး	ヨウッソウー
ミネラルウォーター	ရေသန့်	イェータン
身分証明書	မှတ်ပုံတင် ကတ်ပြား	フマッポゥンティン カッピャ
見本	နမူနာ	ナムーナー
耳	နားရွက်	ナユエッ
土産	လက်ဆောင်	レッサウン
ミャンマー国	မြန်မာပြည် ／ မြန်မာနိုင်ငံ	ミャンマーピィー／ミャンマーナインンガン
ミャンマー人	မြန်မာလူမျိုး	ミャンマールーミョゥー
魅力的	ကြည့်နှစ်ရာ ကောင်	チーヌーザヤー カウン
みんな	အားလုံး	アーロウン
向かい側	မျက်နှာချင်းဆိုင်	ミェッフナーヂンサイン
迎える	ကြို	チョウー
昔	ရှေးကာလ	シェーカーラー
向こう	ဟိုဘက်	ホーベッ
虫刺され	ပိုးကောင် ကိုက်ခြင်း	ポーガウン カイッチン
難しい	ခက်	ケッ
結ぶ	ချည်	チー
無駄遣い	သုံးဖြုန်းခြင်း	トウンビョウンヂン
胸	ရင်	イン
村	ရွာ	ユワー
無理な	ဖြစ်နိုင်ချက်မရှိ	ピッナインヂェッマシー
目	မျက်စိ ／ မျက်လုံး	ミエッスィー／ミエッロウン
名刺	လိပ်စာကတ်ပြား	レイッサーカッピャー
迷信	အစွဲအလမ်း	アスエーアラン
迷惑	အနောက်အယှက်	アフナウアシェッ
メートル	မီတာ	ミーター
メールアドレス	အီးမေးလ် လိပ်စာ	アィーメーゥ レイッサー
目指す	ရည်မှန်း	イーフマン
目覚める	နိုး	ノゥー
珍しい	ထူးဆန်း	トゥーザン
めでたい	မင်္ဂလာရှိ	ミンガラーシー
めまい	ခေါင်းမူးခြင်း	ガウンムーヂン

付録

和緬小辞典 は行・ま行

149

めまいがする	မူး	ムー
麺	ခေါက်ဆွဲ	カウッスエー
免許証	ကားမောင်းလိုင်စင်	カーマウンラインスィン
免税	အခွန်မဲ့	アクンメー
面倒くさい	ပျင်း	ピン
儲ける	အမြတ်စား	アミャッサー
申し込み	လျှောက်ခြင်း	シャウッチン
毛布	စောင်	サウン
目的	ရည်ရွယ်ချက်	イーユエーヂェッ
目的地	ဦးတည်ရာနေရာ	ウーティーヤーネーヤー
目標	ဦးတည်ချက်	ウーティーヂェッ
文字	စာလုံး	サーロウン
もちろん（あいづちとして）	ဒါပေါ့	ダーボ
持つ	ကိုင်	カイン
もったいない	နမြောစရာ ကောင်း	フナミョウーザヤー カウン
持っていく	ယူသွား	ユートゥワー
持っている	ရှိ／ပါ	シー／パー
持ってくる	ယူလာ	ユーラー
もてなす	ဧည့်ခံ	エーカン
物	ပစ္စည်း	ピッスィー
森	တော	トォー
問題（やっかいごと）	ပြဿနာ	ピャッタナー

【や行】

焼きそば	ခေါက်ဆွဲကြော်	カウッスエヂョー
焼く	ကင်	キン
約束	ကတိ	ガディ
役に立つ	အသုံးဝင်	アトウンウィン
やけど	အပူလောင်နာ	アプーラウンナー
野菜	ဟင်းသီးဟင်းရွက်	ヒンディーヒンユエッ
野菜炒め	အစိမ်းကြော်	アセインジョー
優しい	သိမ်မွေ့	テインフムエ
休み	ပိတ်ရက်	ペイッイェッ
休む	အနားယူ	アナーユー
痩せる	ပိန်	ペイン
屋台	လမ်းဘေးဆိုင်	ランベーザイン
家賃	အိမ်လခ	エインラーガ
雇う	အလုပ်ခန့်	アロウッカン
破る	ဆုတ်	ゾウッ
山	တောင်	タウン
ヤモリ	အိမ်မြှောင်	エインフミャウン
湯	ရေနွေး	イェーヌエー
憂うつだ	စိတ်ညစ်	セイッニッ
遊園地	ကလေးကစားကွင်း	カレーガザーグウィン
夕方	ညနေ	ニャネー
郵送する	စာတိုက်က ပို့	サーダイッガー ポウ
郵便局	စာတိုက်	サーダイッ
郵便番号	စာတိုက်အမှတ်	サーダイッアフマッ
郵便料金	စာပို့ခ	サーポウガ
有名だ	နာမည်ကြီး	ナーメーヂー
愉快だ	ပျော်စရာကောင်း	ピョーザヤーカウン
雪	နှင်း	フニン
輸出品	ပို့ကုန်	ポウグウン
豊かだ	ကြွယ်ဝ	チュエワー
ゆっくり	ဖြည်းဖြည်း	ピェビェ
ゆでる	ပြုတ်	ピョウッ
夢	အိပ်မက်	エイッメッ
よい	ကောင်း	カウン
酔う（酒で）	မူး	ムー
用意する	ပြင်ဆင်	ピンスィン
用心する	ဂရုစိုက်	ガユーサイッ
様子	အခြေအနေ	アチェーアネー
羊肉	သိုးသား	トゥーダー
曜日	နေ့	ネ

150

預金する	ငွေအပ်	ングェーアッ
欲	လောဘ	ローバ
浴室	ရေချိုးခန်း	イエーチョウーガン
横になる	လဲ	フレー
汚れる	ညစ်ညမ်း	ニッニャン
予算	ဘတ်ဂျက်	バッジェッ
予定	အစီအစဉ်	アスィーアスィン
予防	ကြိုတင် ကာကွယ်မှု	チョーティン カーグエーフム
読む	ဖတ်	パッ
予約する	ကြိုတင်မှာ	チョーティンフマー
喜ぶ	ဝမ်းသာ	ウンター (ワンター)
弱い	အားနည်း	アーネー

【ら行】

来月	နောက်လ	ナウッラァ
ライター	ဓာတ်မီးခြစ်	ダッミージッ
来年	နောက်နှစ်	ナウッフニッ
楽だ	သက်သာ	テッサー
ラジオ	ရေဒီယို	レーディヨウー
理想	စံပြ	サンピャ
立派	ကောင်းမြတ်	カウンミャッ
リモコン	ကြိုးမဲ့ထိန်းချလုတ်	チョーメテインカロウッ
理由	အကြောင်း	アチャウン
留学生	ပညာတော်သင်	ピニャードーティン
流行	ခေတ်စားခြင်း	キッサージン
寮	အဆောင်	アサウン
料金	အခ	アカー
領事館	ကောင်စစ်ဝန်ရုံး	カウンスィッウンヨウン
領収書	ဖြတ်ပိုင်း	ピャッパイン
両方	နှစ်ဖက်စလုံး	フナペッサロウン
料理する	ဟင်းချက်	ヒンチェッ
旅行	ခရီး	カイー
旅行代理店	ခရီးသွားကုမ္ပဏီ	カイートゥウー コウンパニー
リンゴ	ပန်းသီး	パンディー
輪タク	ဆိုက်ကား	サイッカー
留守だ	အိမ်မှာမရှိ	エインフマーマシー
例	ဥပမာ	ウーパマー
冷蔵庫	ရေခဲသေတ္တာ	イエーンゲーティッター
レート	နှုန်းထား	フノウンダー
冷房	လေအေးပေး	レーエーペー
練習する	လေ့ကျင့်	レーヂン
レンタカー	အငှားကား	アフガーカー
連絡する	ဆက်သွယ်	セットゥエー
老人	လူအို	ルーオー
ろうそく	ဖယောင်းတိုင်	フパヤウンダイン
ロシア	ရုရှား	ユーシャー
ロビー	ညည်ခံဆောင်	エーカンザウン

【わ行】

輪	အဝိုင်း	アワイン
わいせつな	လော်လည်	ローレー
わいろ	လာဘ်	ラッ
若い	ငယ်	ゲー
沸かす	ရေနွေးကျို	イェーヌエーチョウー
わがまま	တကိုယ်ကောင်းဆန်	タゴーガウンサン
若者	လူငယ်	ルーンゲー
わかる	နားလည်	ナーレー
別れる	ခွဲ	クエー
わざと	တမင်သက်သက်	タミンテッテッ
わずらわしい	စိတ်ရှုပ်	セイッショウッ
渡す	ပေး	ペー
ワニ	မိကျောင်း	ミーヂャウン
割引き	ဈေးလျှော့ခြင်း	ゼーショーヂン
割る	ခွဲ	クェー
割る(割り算)	စား	サー
悪い	ဆိုး	ソウー

151

［監修者紹介］
ビルマ市民フォーラム
1996年から在日ミャンマー人の支援やミャンマーの文化や歴史についての理解を広める活動を行っている非政府組織。現在は活動していない。

［編者紹介］
田辺寿夫（たなべ　ひさお）
1943年生まれ。大阪外国語大学ビルマ語学科卒。66年から2003年までNHK国際放送局でビルマ語ニュース、番組の制作を担当。現在、フリーのジャーナリスト。Shwe Ba（シュエバ）というミャンマー名で在日ミャンマー人たちに親しまれている。近著に『負けるな！　在日ビルマ人』（梨の木舎）など。

話せる・伝わる　ミャンマー語入門　CD付
©Hisao Tanabe, 2015　　　　　　　　NDC 829 / viii, 151p / 19cm

初版第1刷——2015年8月10日
第2刷——2024年9月1日

監修者————ビルマ市民フォーラム
編　者————田辺寿夫
発行者————鈴木一行
発行所————株式会社大修館書店
　　　　　　〒113-8541　東京都文京区湯島2-1-1
　　　　　　電話03-3868-2651（営業部）　03-3868-2293（編集部）
　　　　　　振替00190-7-40504
　　　　　　［出版情報］https://www.taishukan.co.jp/

装丁者————新田由起子（ムーブ）
印刷所————錦明印刷
製本所————難波製本

ISBN978-4-469-21352-2　Printed in Japan

Ⓡ本書のコピー、スキャン、デジタル化等の無断複製は著作権法上での例外を除き禁じられています。本書を代行業者等の第三者に依頼してスキャンやデジタル化することは、たとえ個人や家庭内であっても著作権法上認められておりません。
　本CDに収録されているデータの無断複製は、著作権法上での例外を除き禁じられています。